Andrea Holzer-Rhomberg

Fiedel Max goes Cello

20 Vortragsstücke für Violoncello

1.–4. Lage

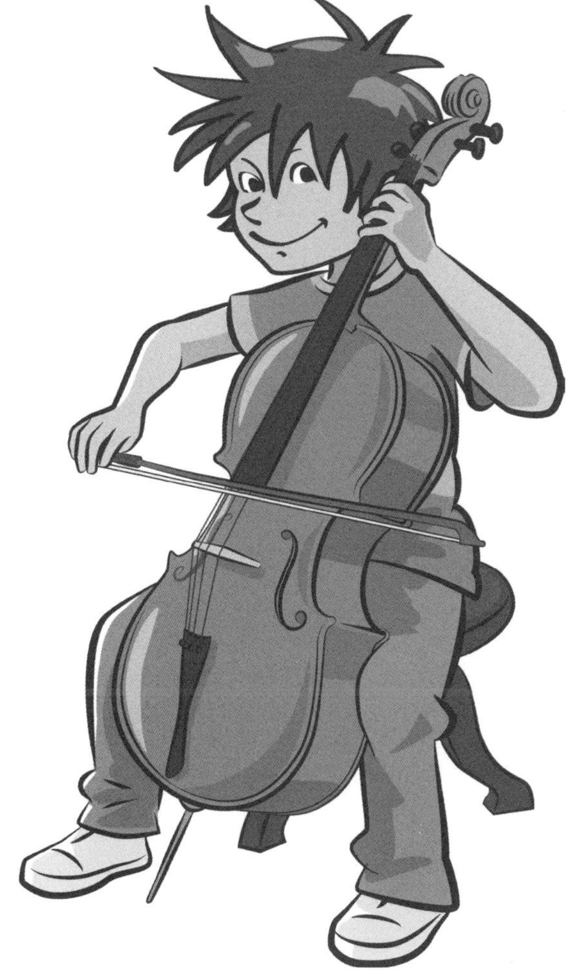

Andrea Holzer-Rhomberg, geboren in Baden bei Zürich und wohnhaft in Vorarlberg (Österreich), absolvierte ihr Studium am Mozarteum in Salzburg und an der Musikhochschule Wien. Es folgte eine rege Konzerttätigkeit als Mitglied diverser Kammerorchester im In- und Ausland. Seit 1988 führt sie eine Klasse für Violine und Viola an der Städtischen Musikschule Feldkirch. In ihrer pädagogischen Arbeit verpflichtet sie sich nachhaltig den Grundsätzen der Ganzheitlichkeit und Anschaulichkeit. Im Rahmen des Streicher-Gruppenunterrichtes verbindet sie das frühinstrumentale Lernen mit einer elementaren Orchestererziehung.

Impressum

VHR 3870 / ISMN 979-0-2013-0965-1 / ISBN 978-3-86434-071-0

Notensatz: Regina Krauß, Speyer

Umschlag: Gerhard Illig Kommunikation, Erlangen

Zeichnungen: Ulrich Velte Design + Illustration, Hamburg

www.holzschuh-verlag.de
www.fiedel-max.de

Inhalt

1. Gregor Grashüpfer

A. Holzer-Rhomberg

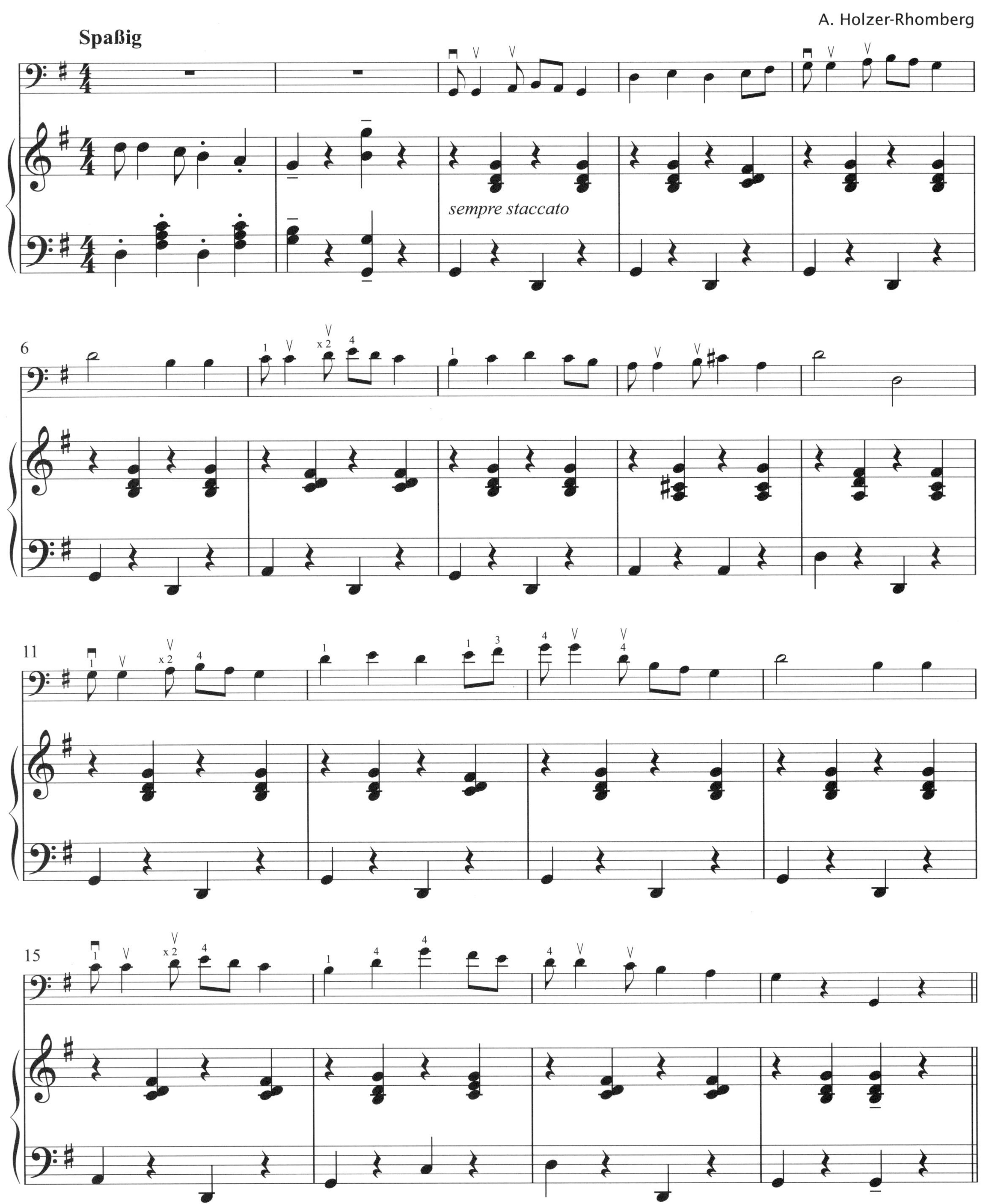

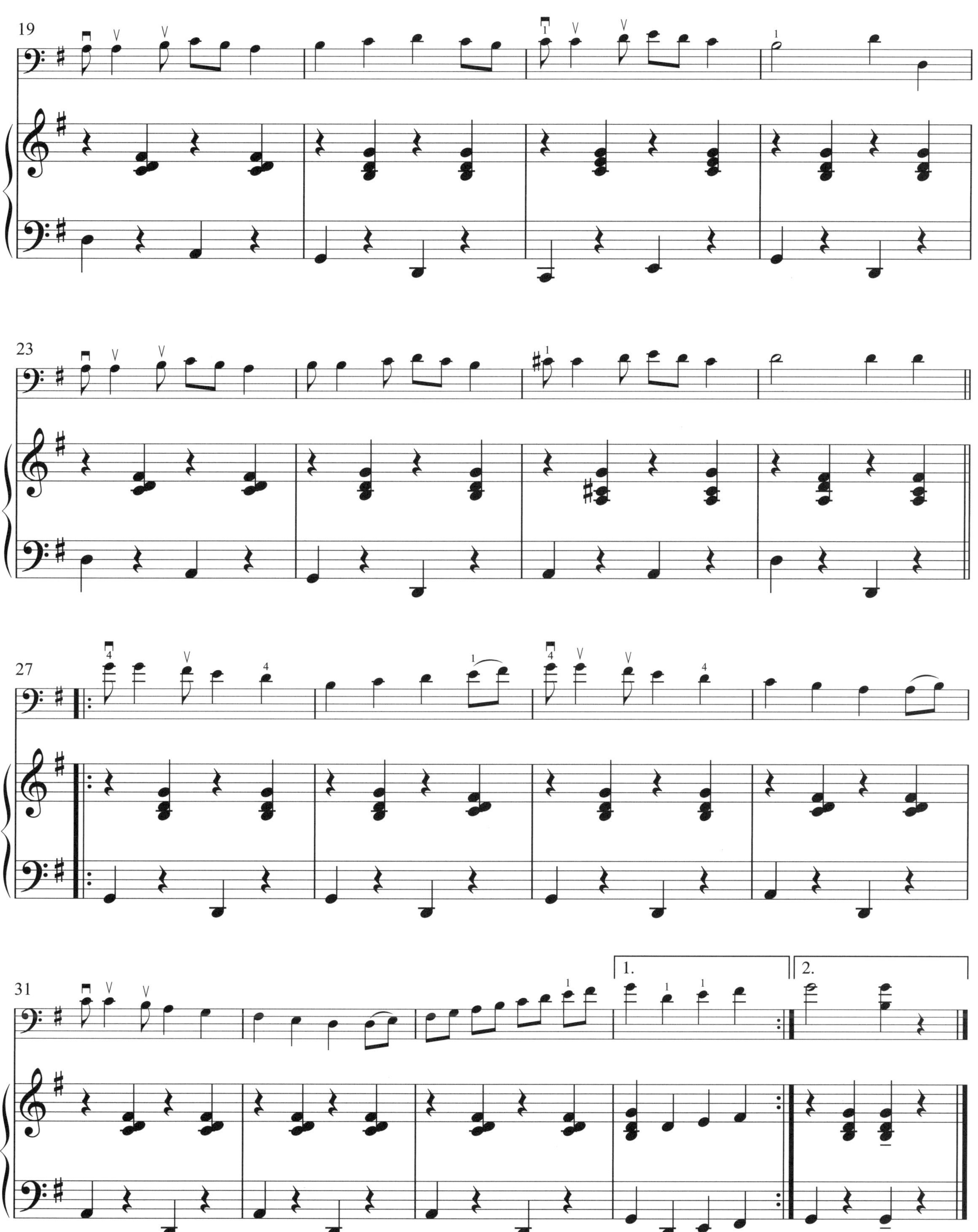
19
23
27
31
1.
2.

2. Wechsel-Walzer

A. Holzer-Rhomberg

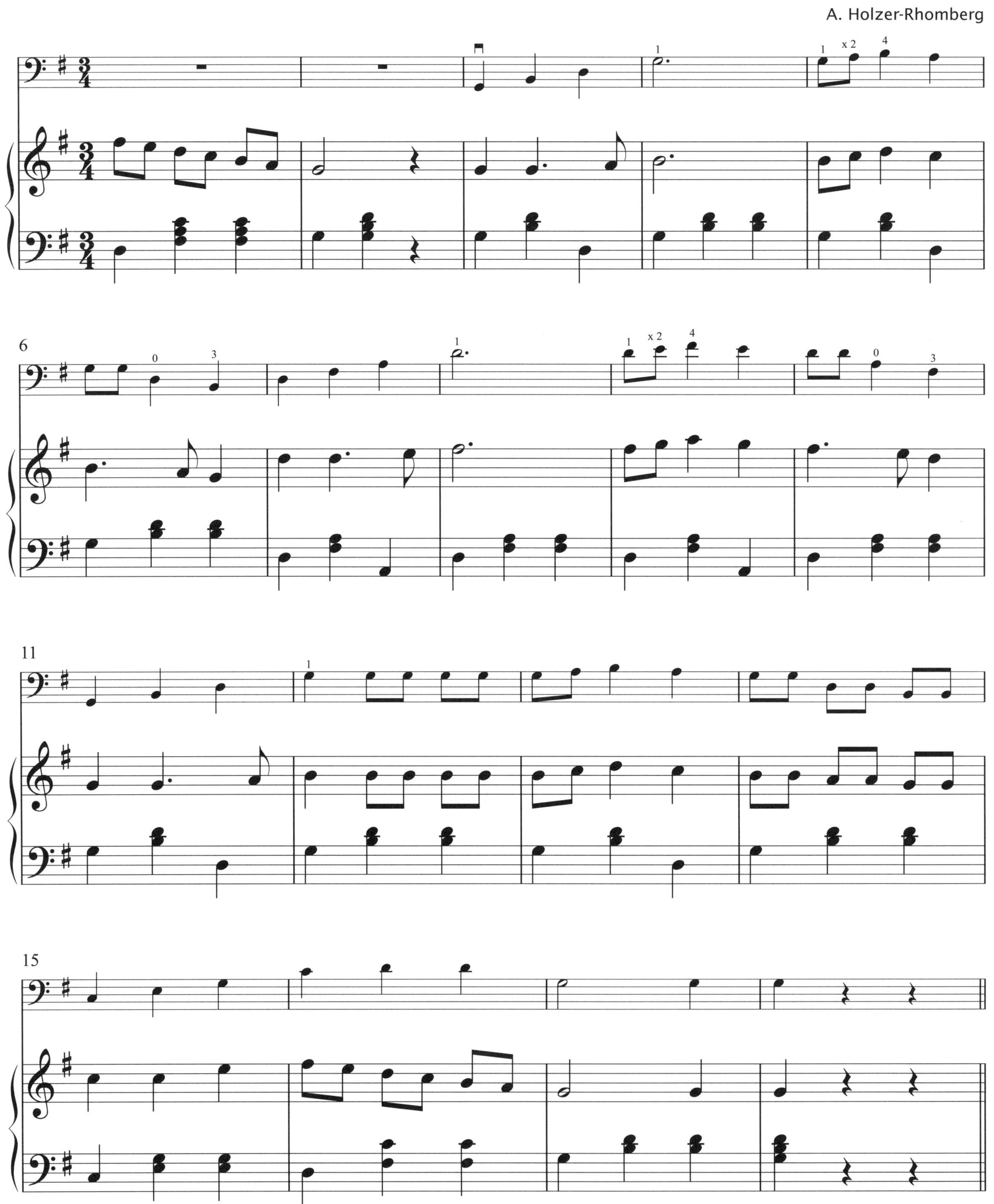

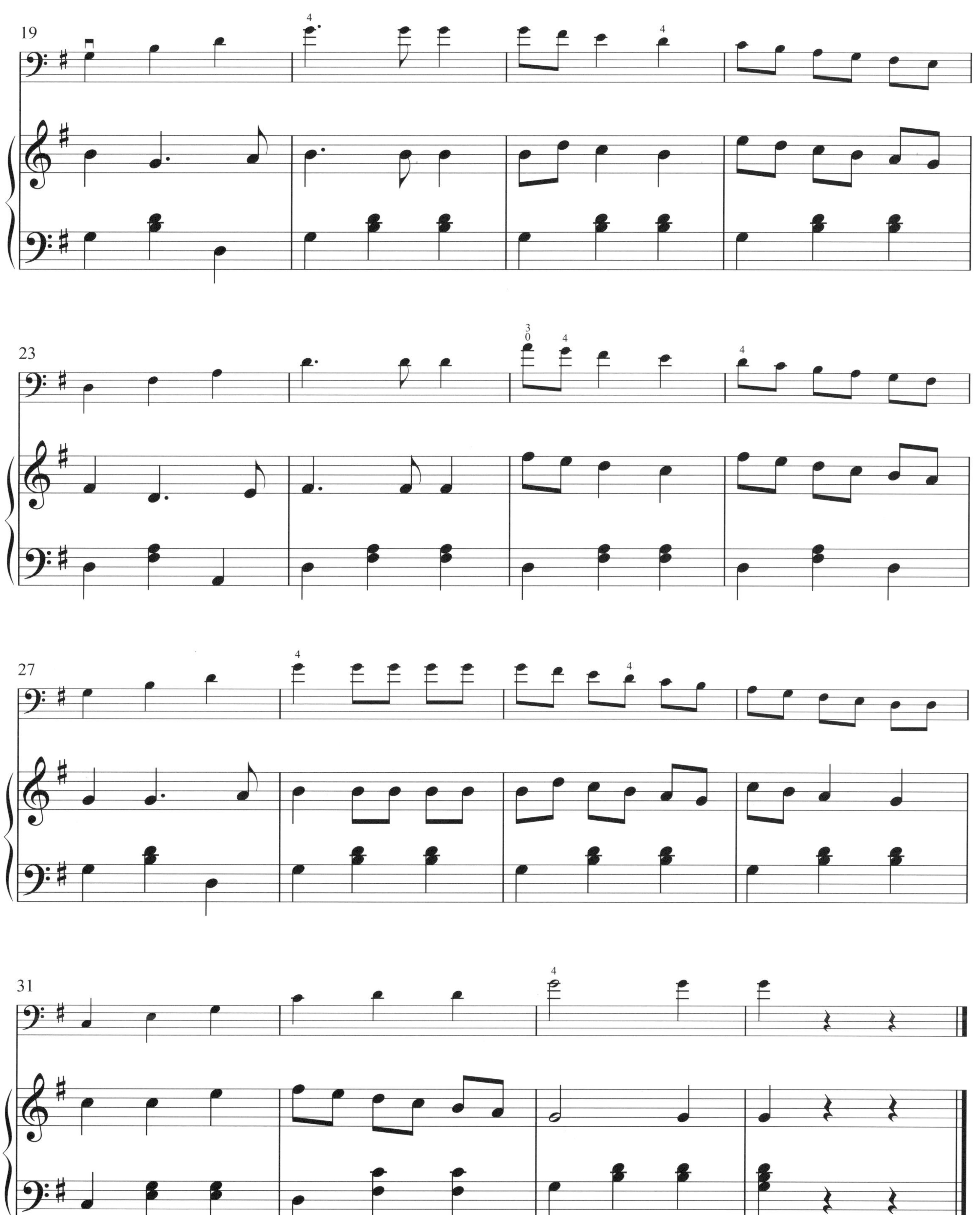
19
4
4
23
3
0
4
4
27
4
4
31
4

3. Arrive At Five

A. Holzer-Rhomberg

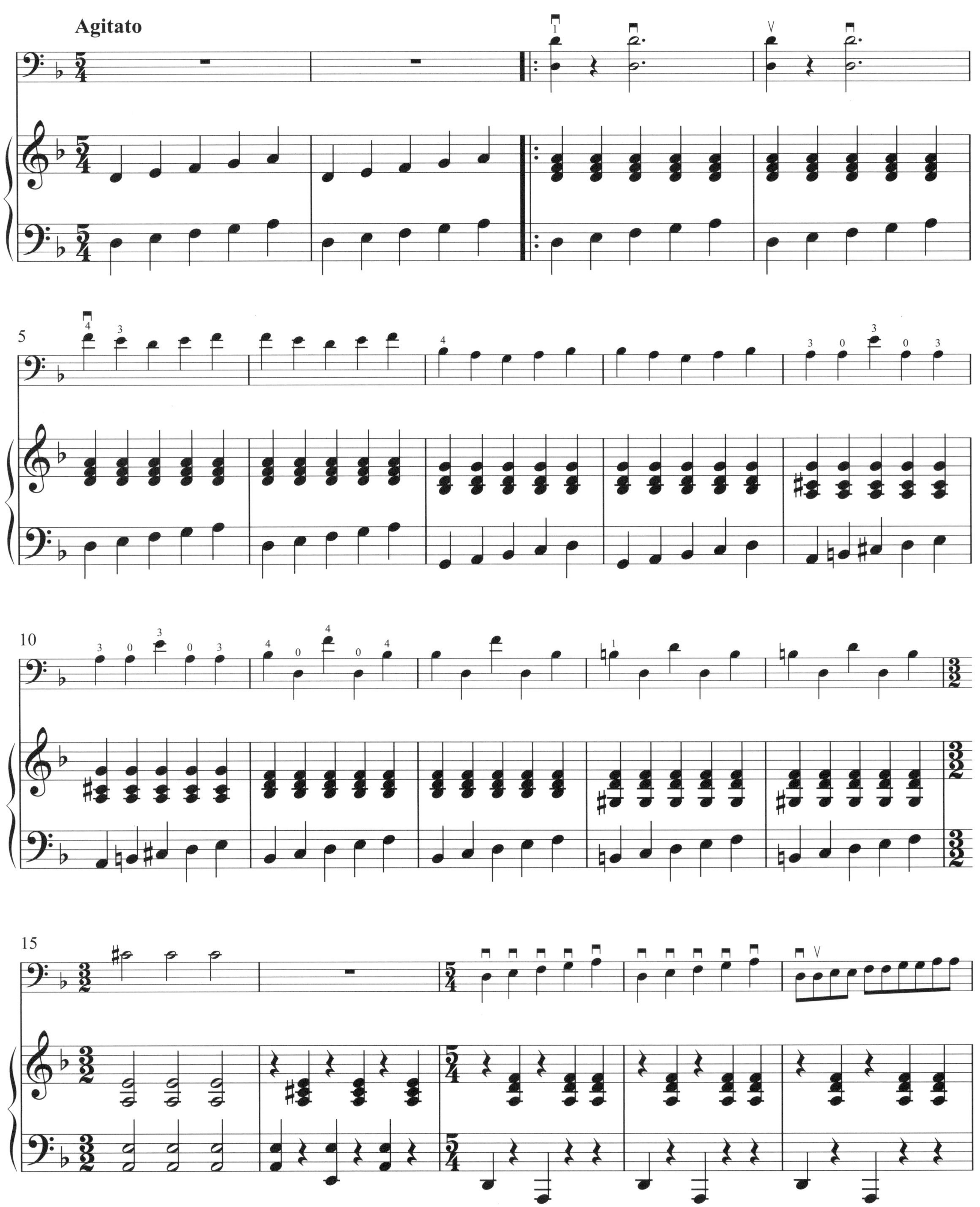

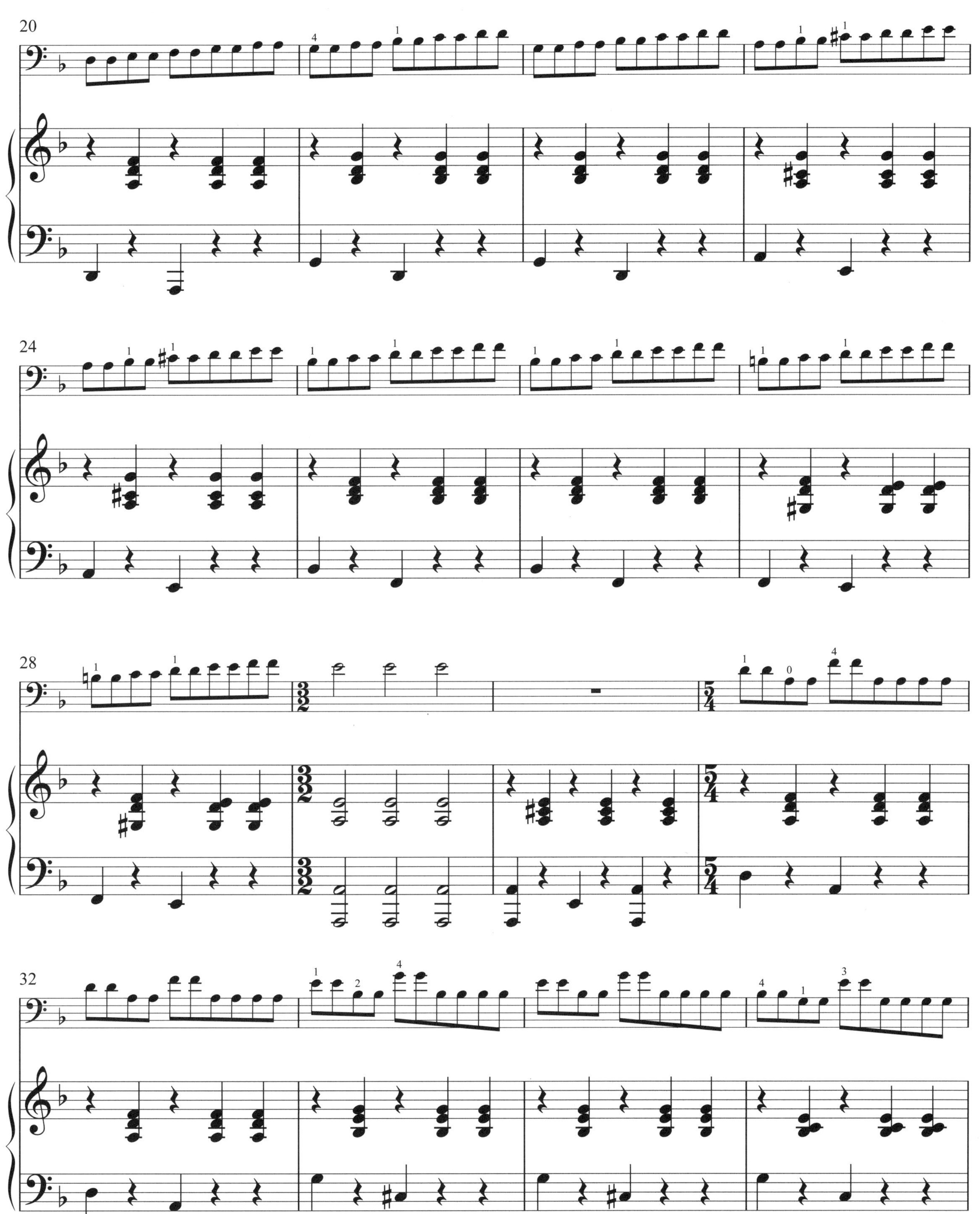
20
24
28
32

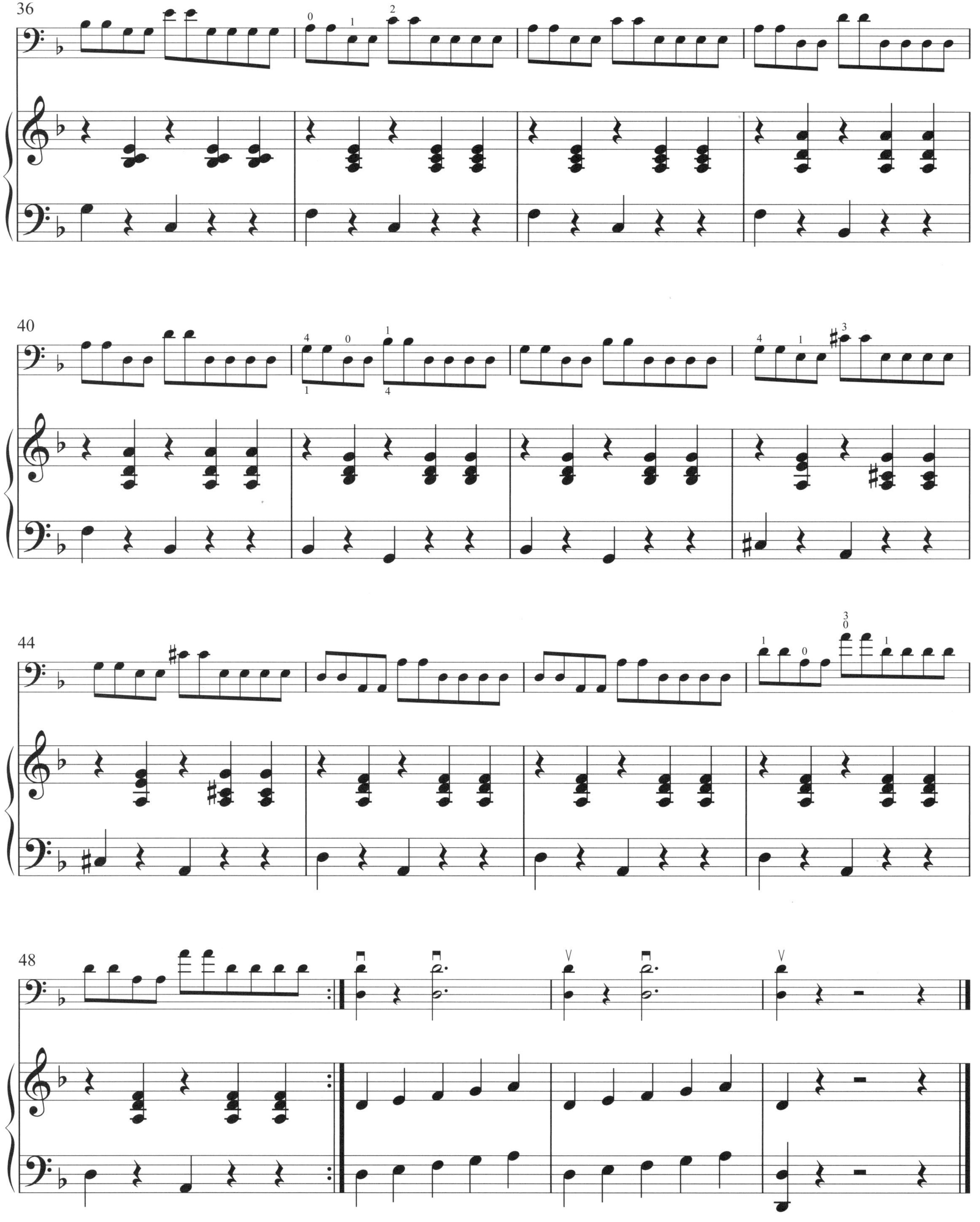
36
40
44
48

4. Auf dem Markt in Marokko

A. Holzer-Rhomberg

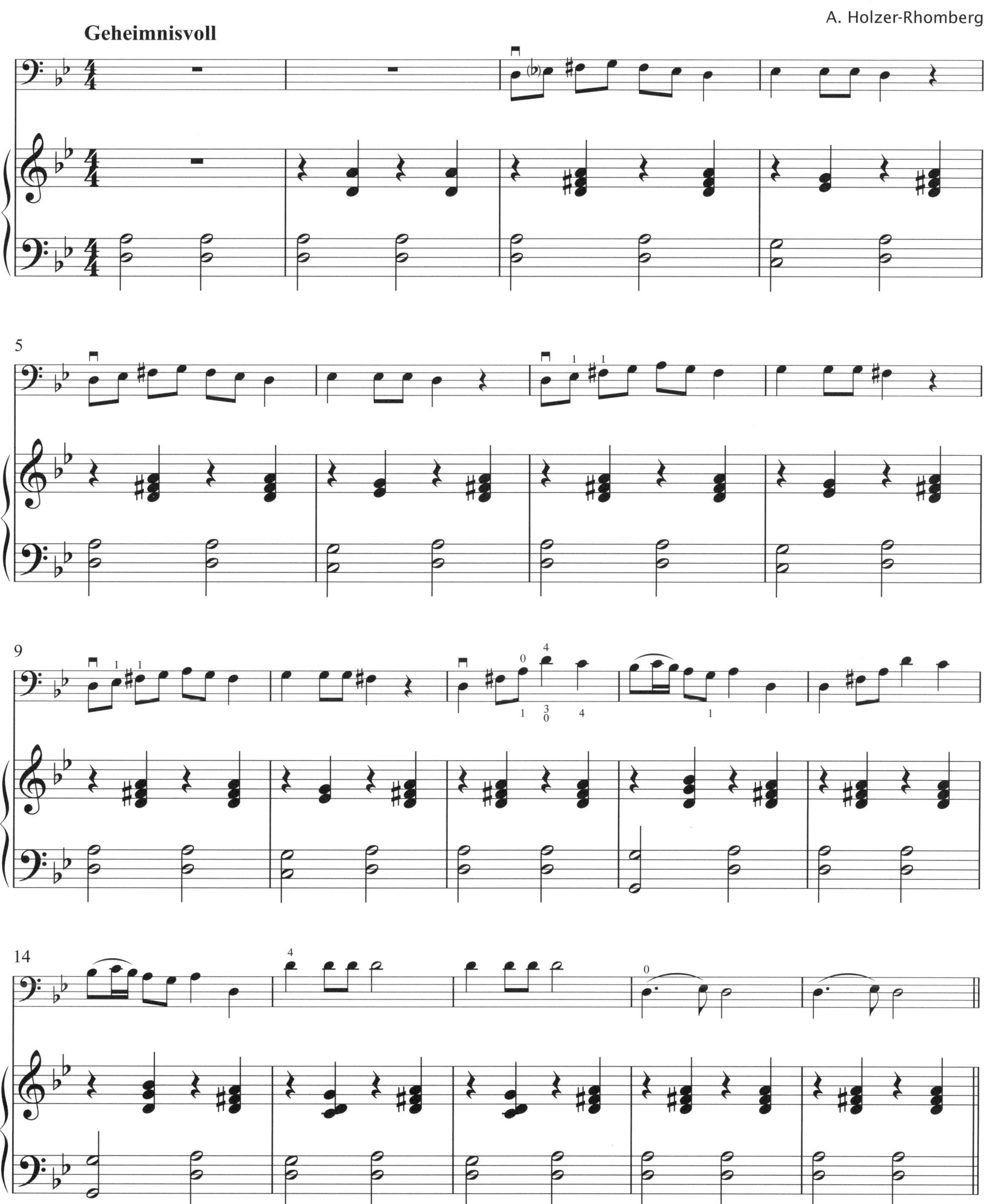

Temperamentvoll

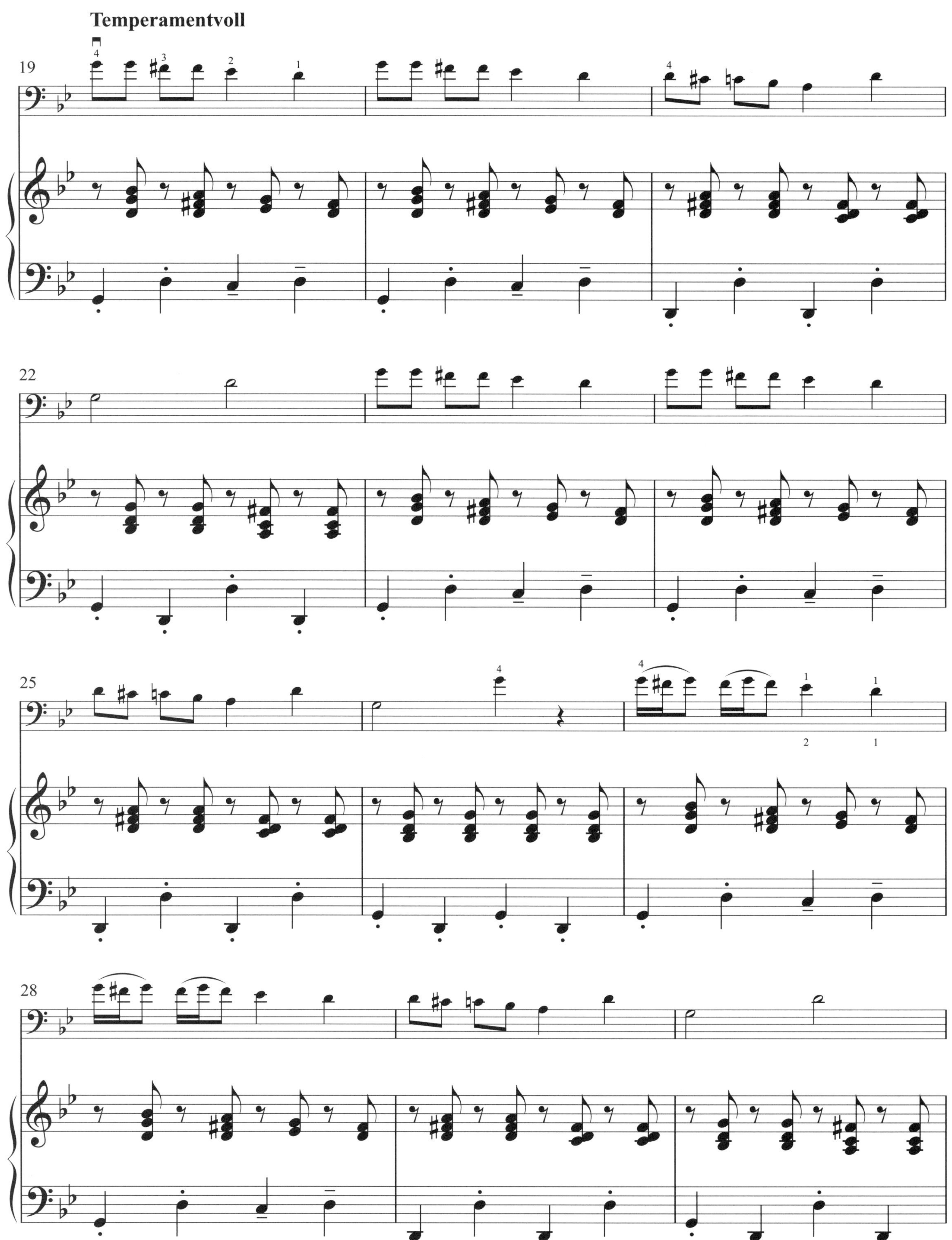

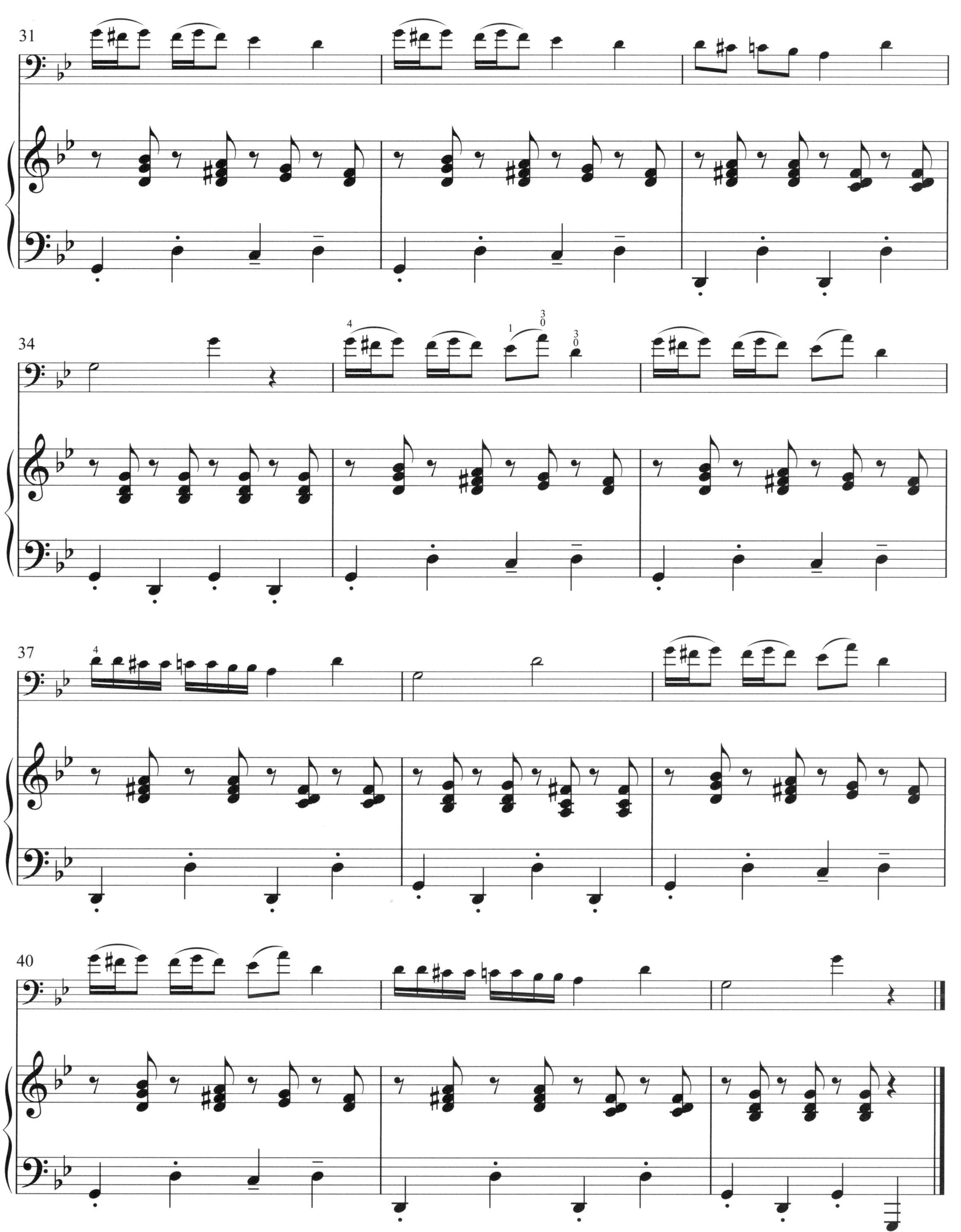
31
34
37
40

5. Der Nebelkönig

A. Holzer-Rhomberg

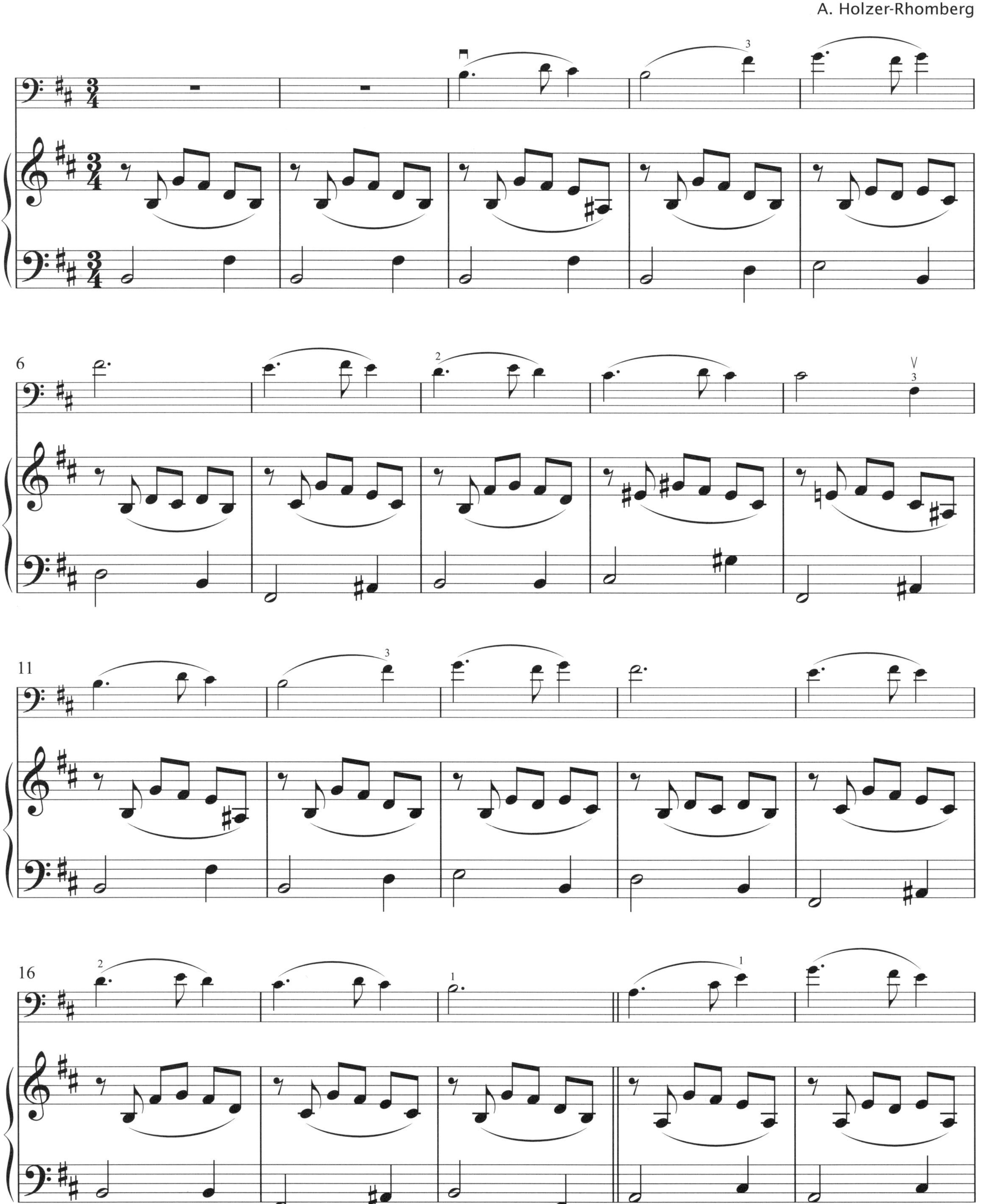

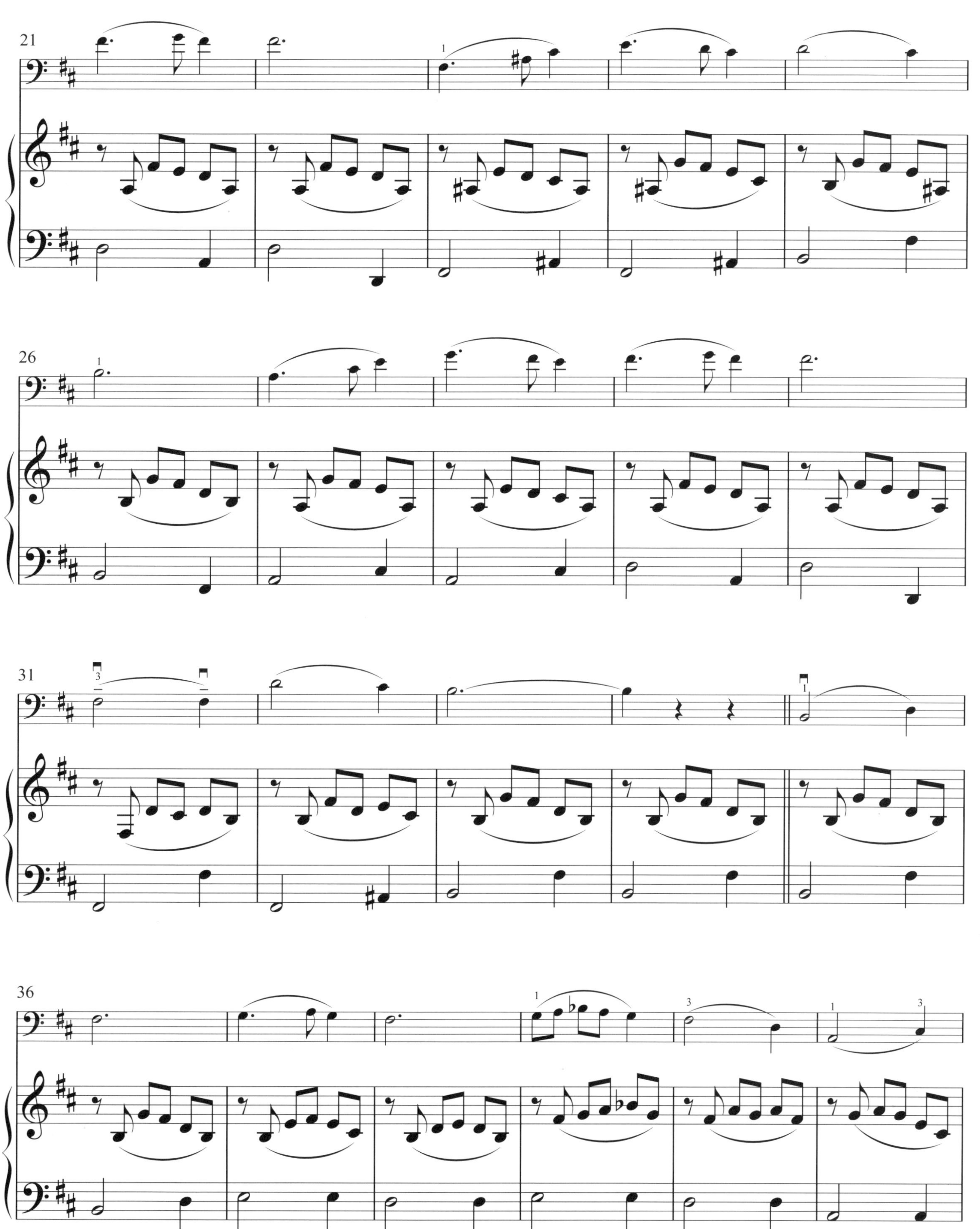
21
26
31
36

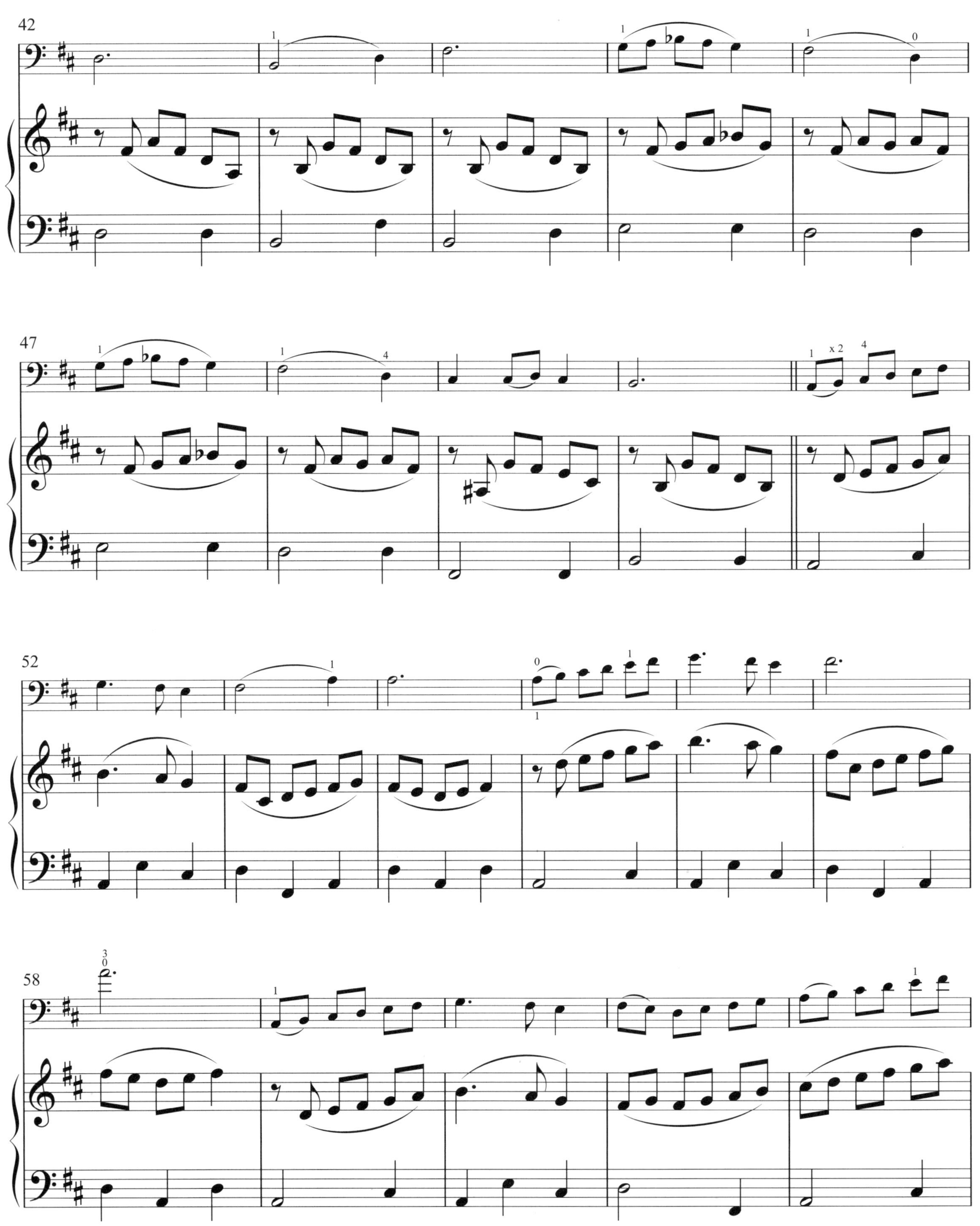

42
47
52
58

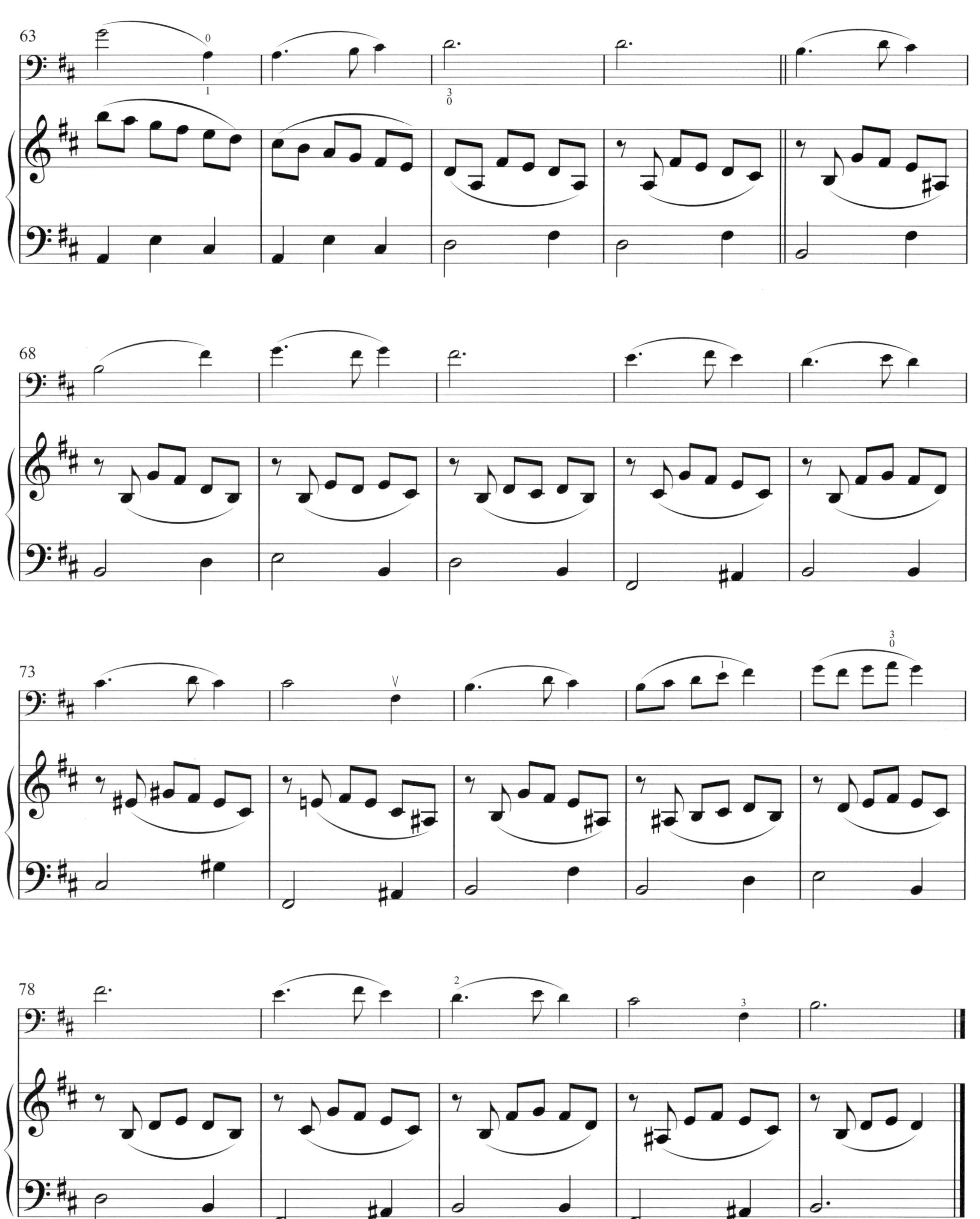
63
68
73
78

6. Mei-Ling aus Beijing

A. Holzer-Rhomberg

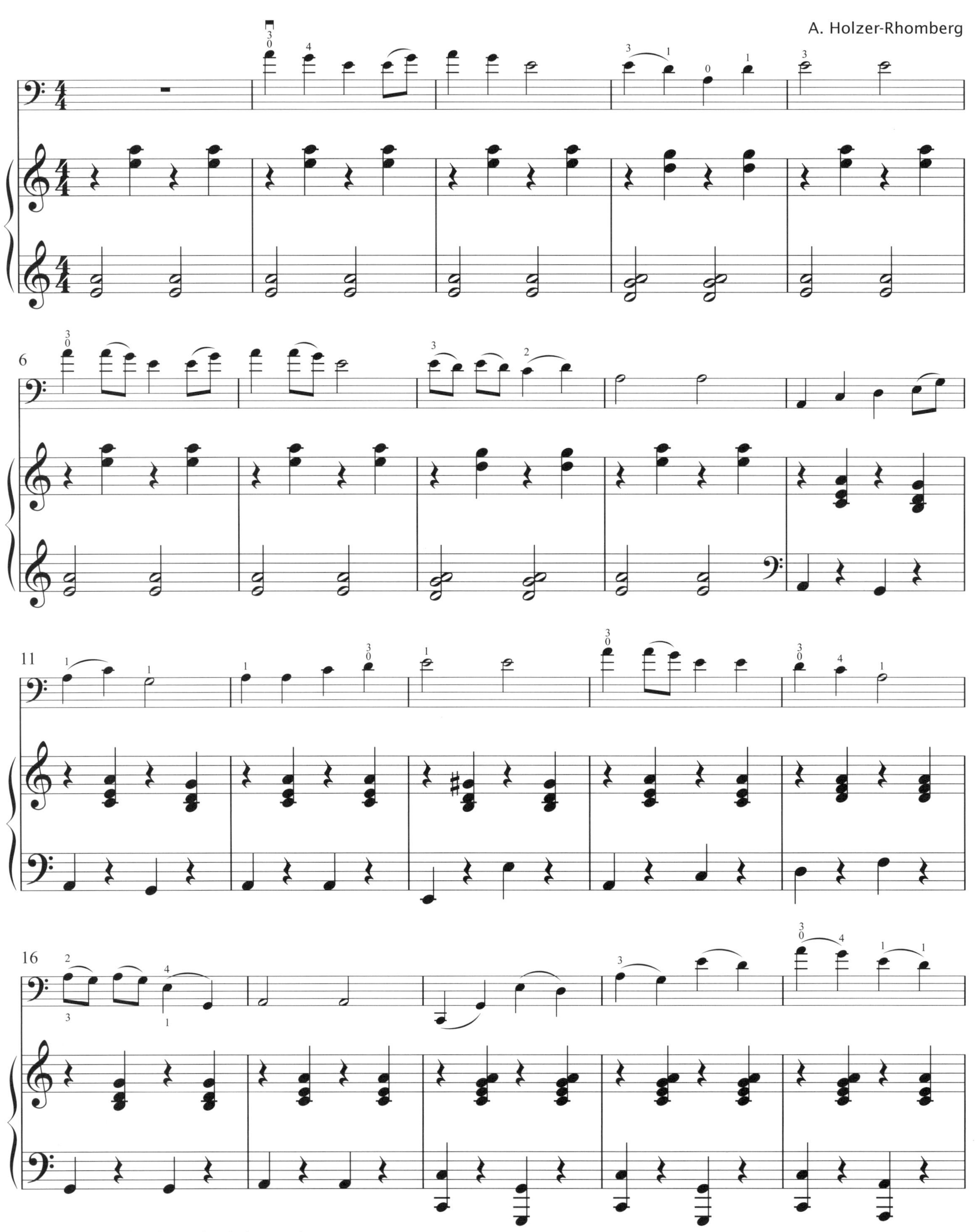

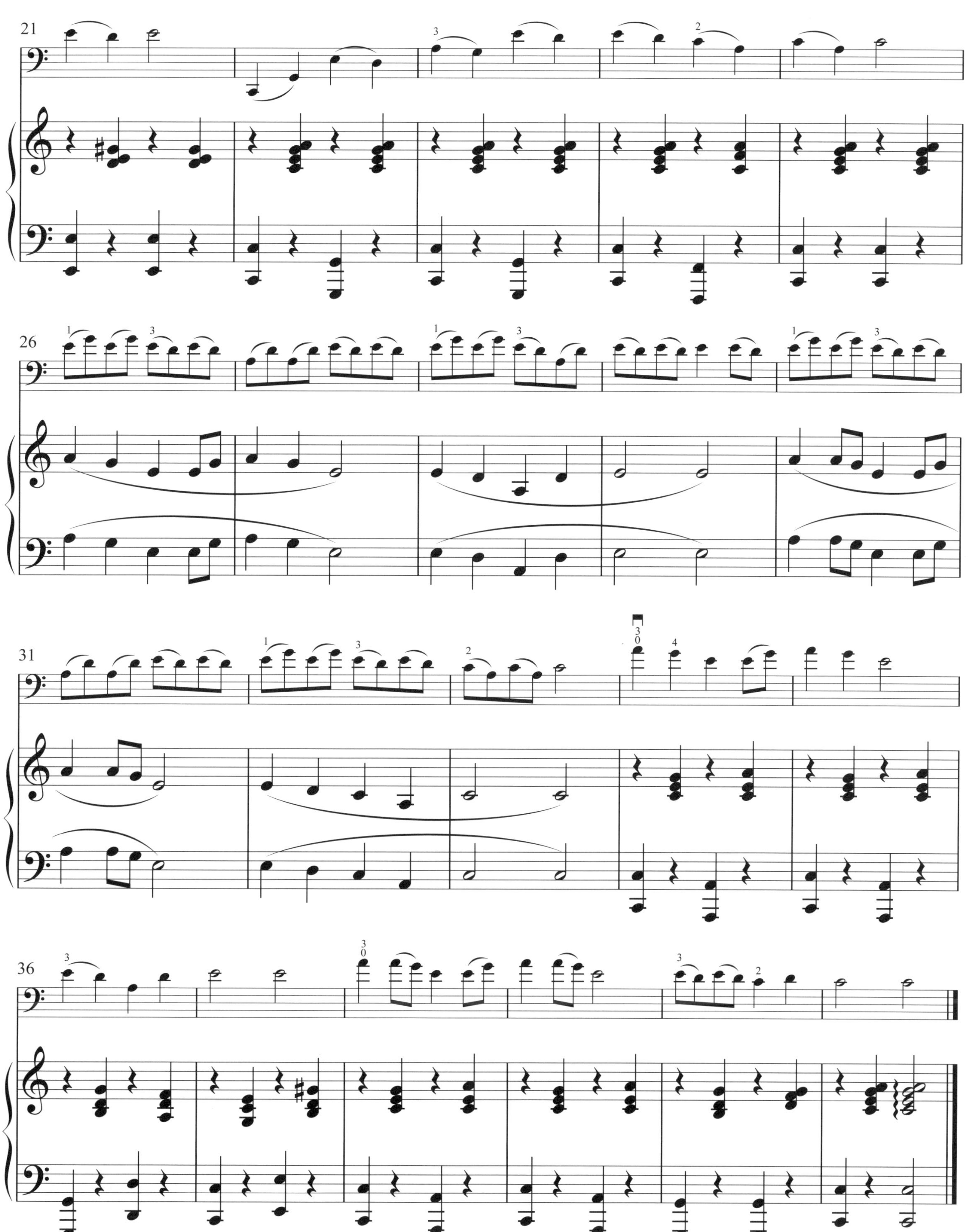

7. Der Harlekin

A. Holzer-Rhomberg

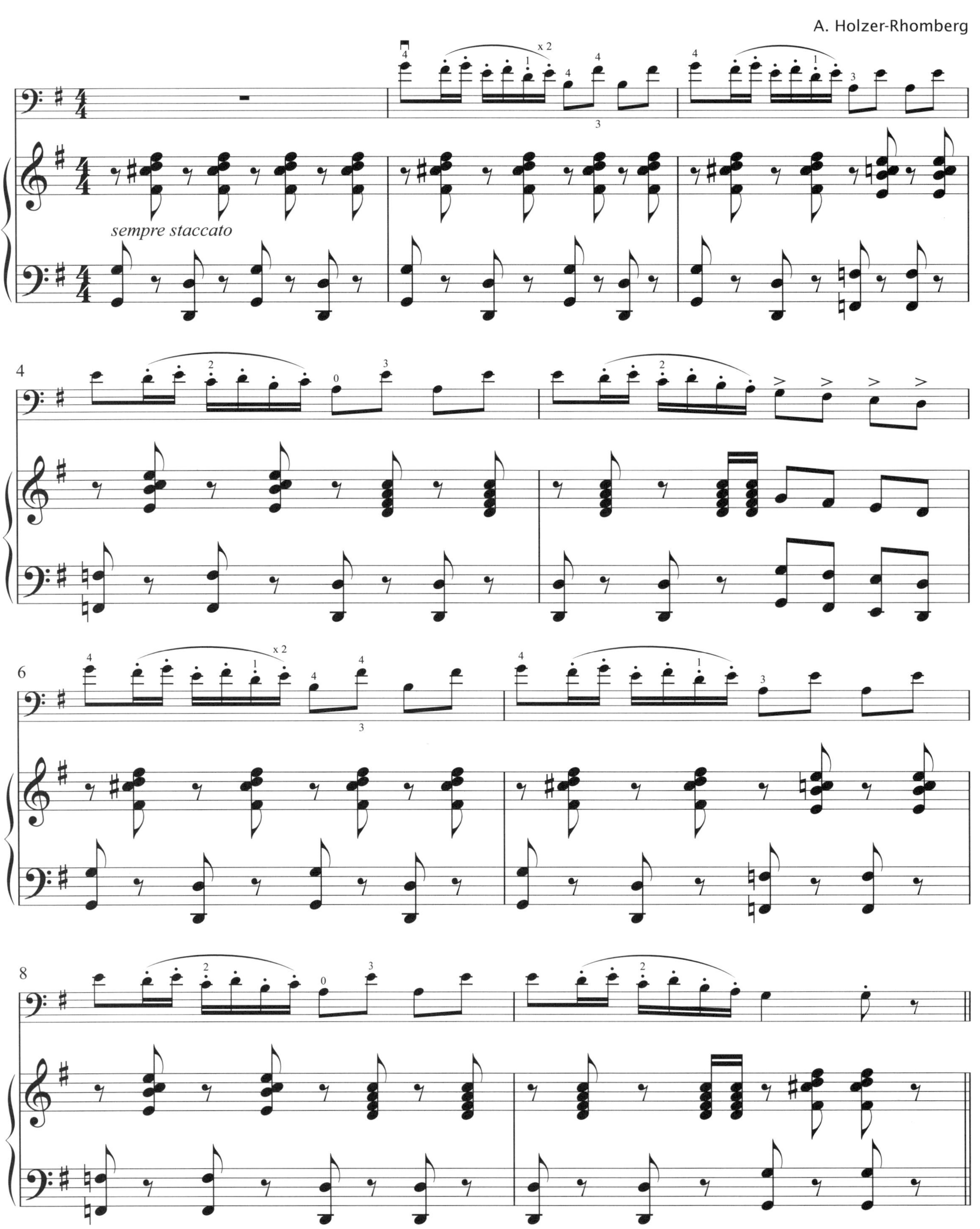

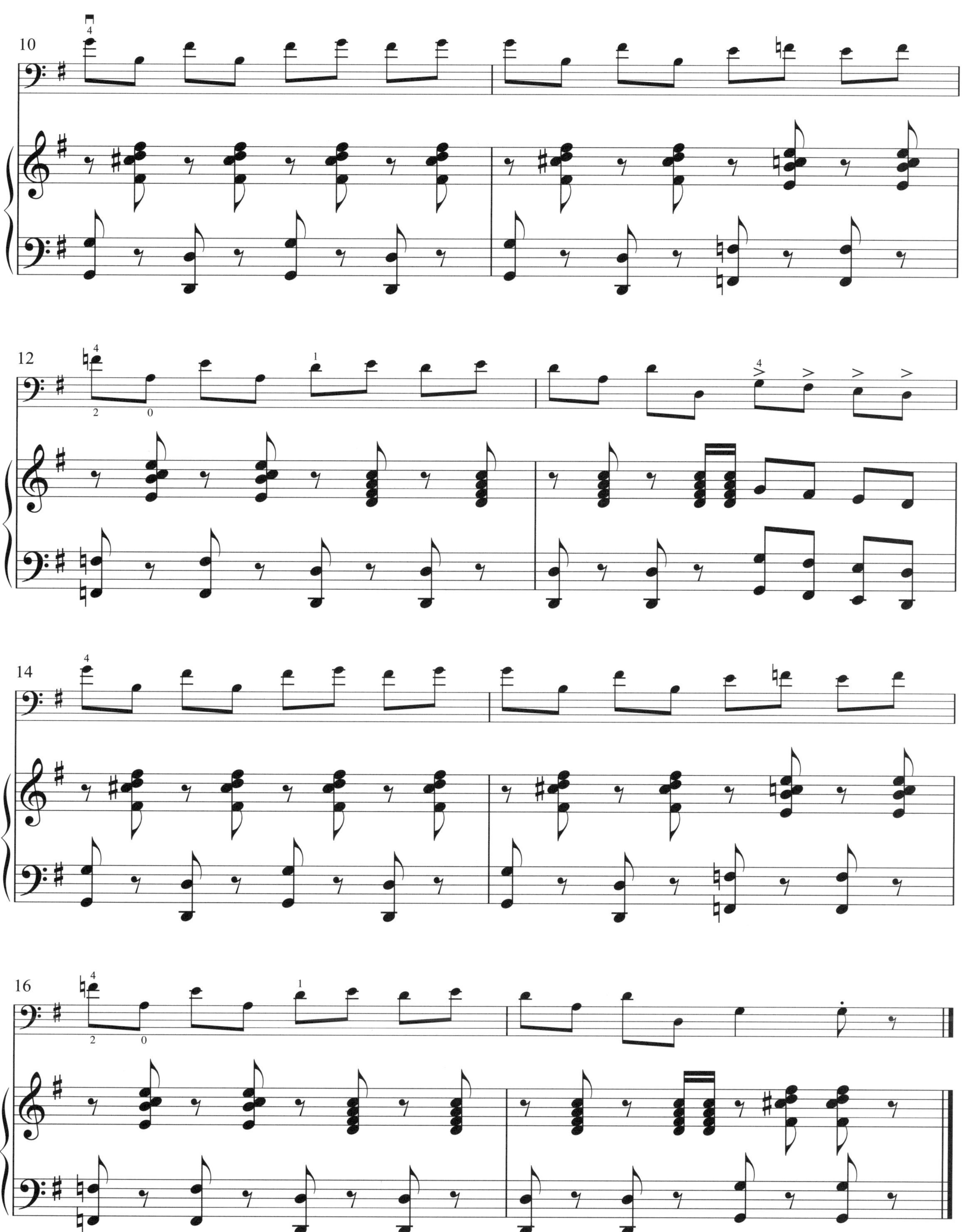

10
12
14
16

8. Auf der Pferderennbahn

A. Holzer-Rhomberg

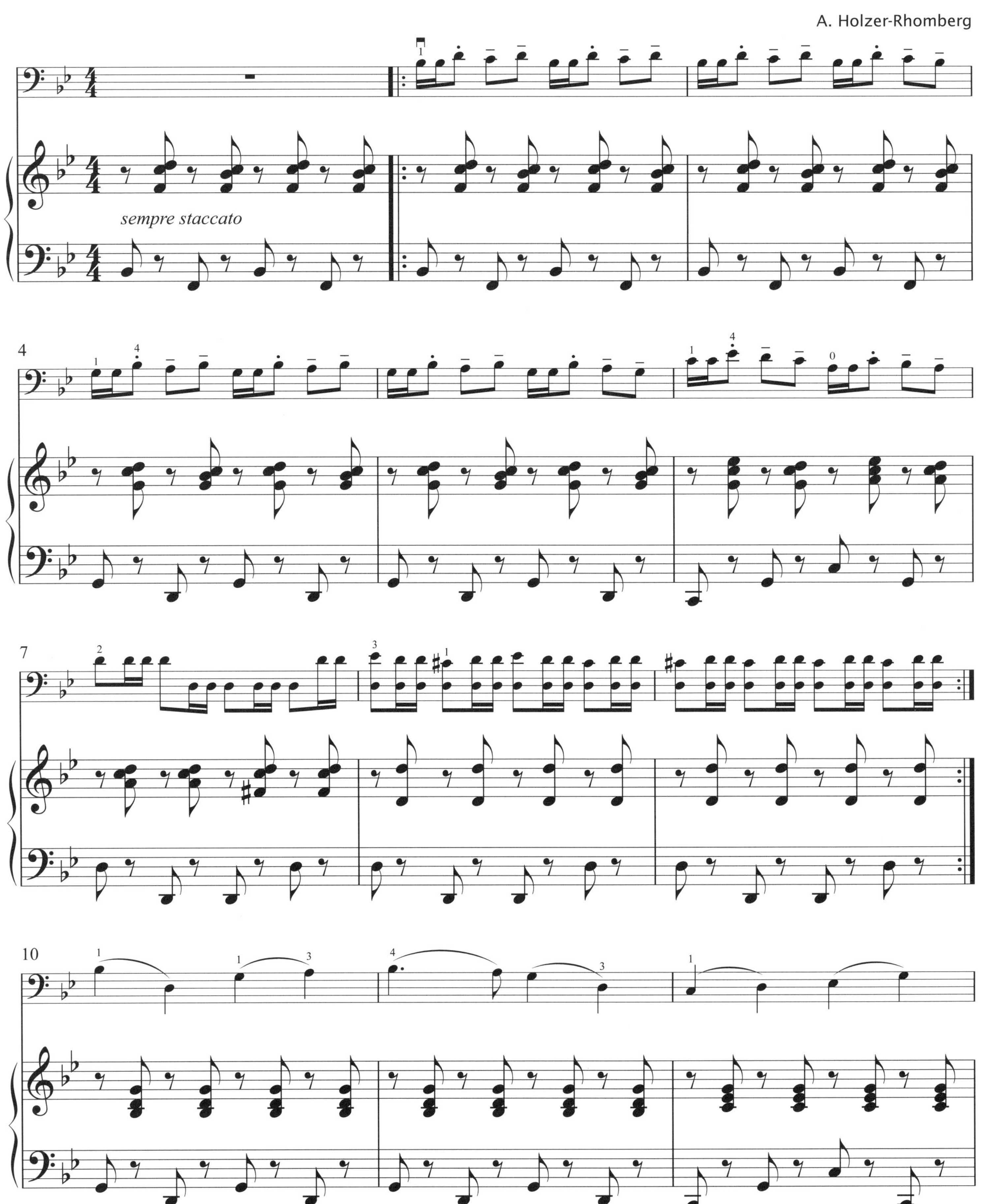

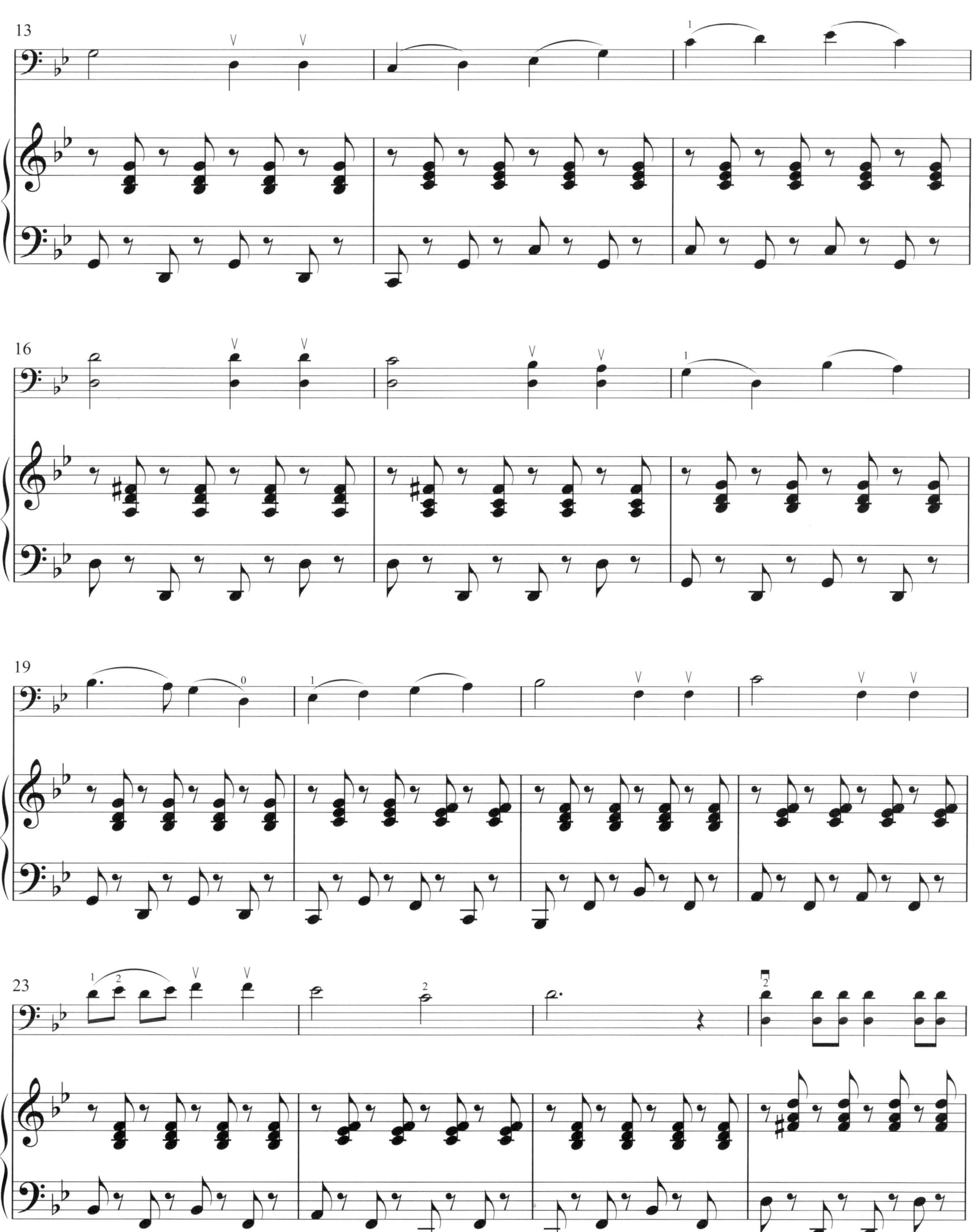
13
16
19
23

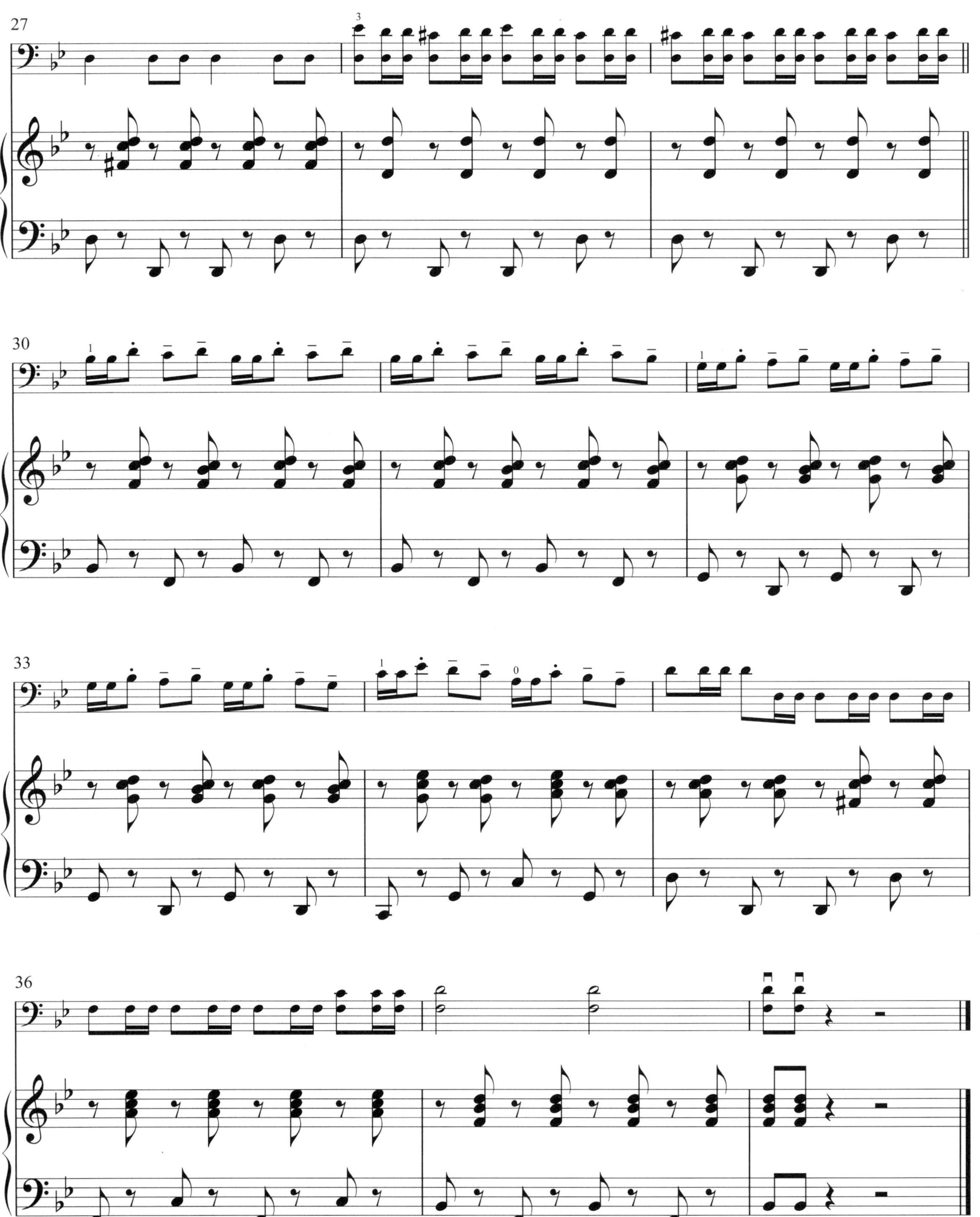

9. Die verflixte

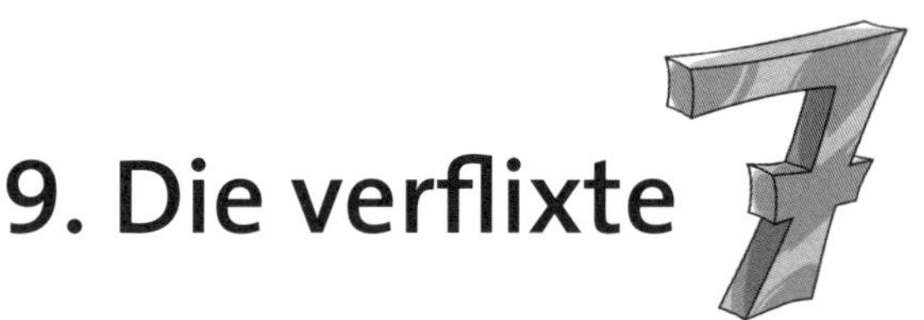

A. Holzer-Rhomberg

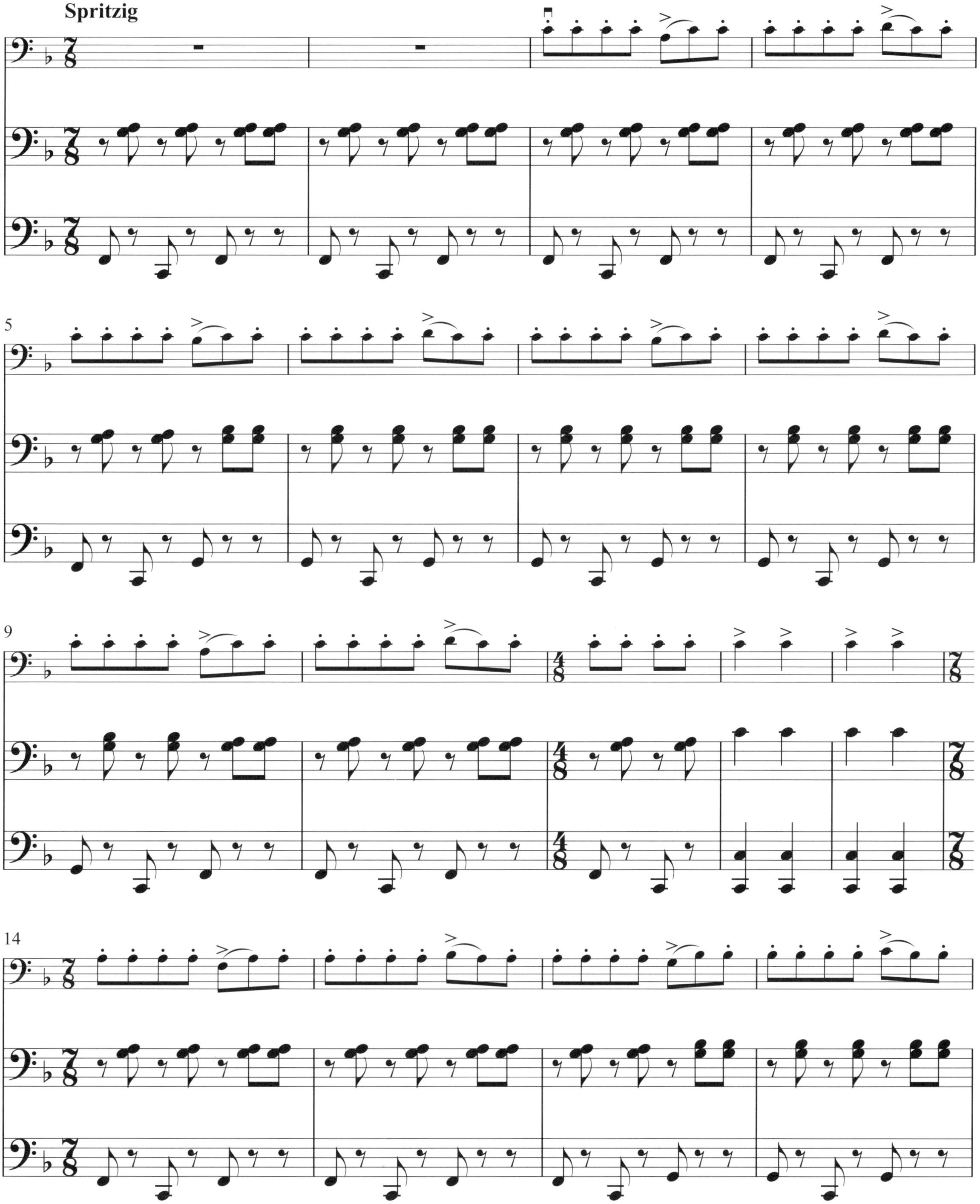

Spritzig

5

9

14

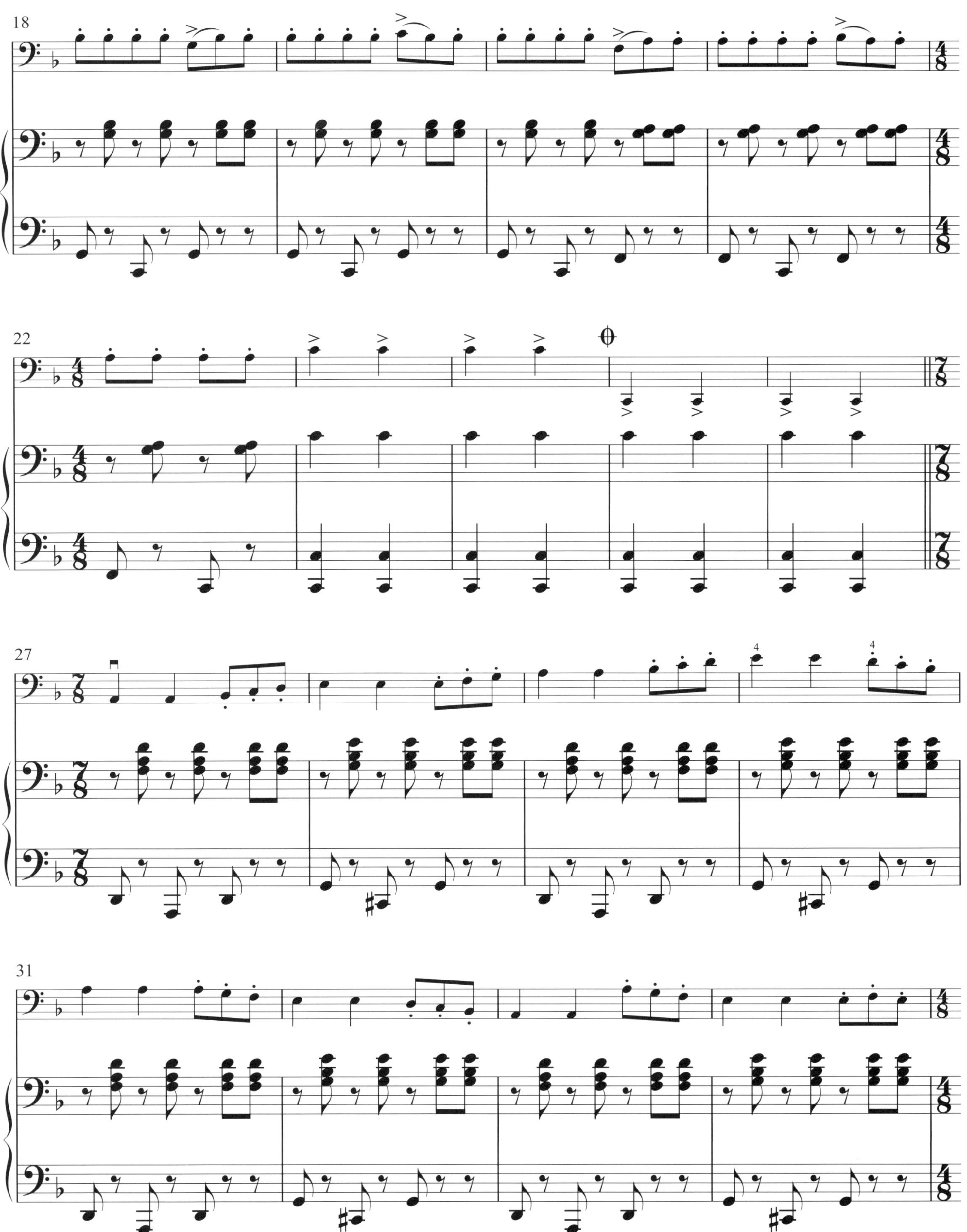
18
22
27
4
4
31

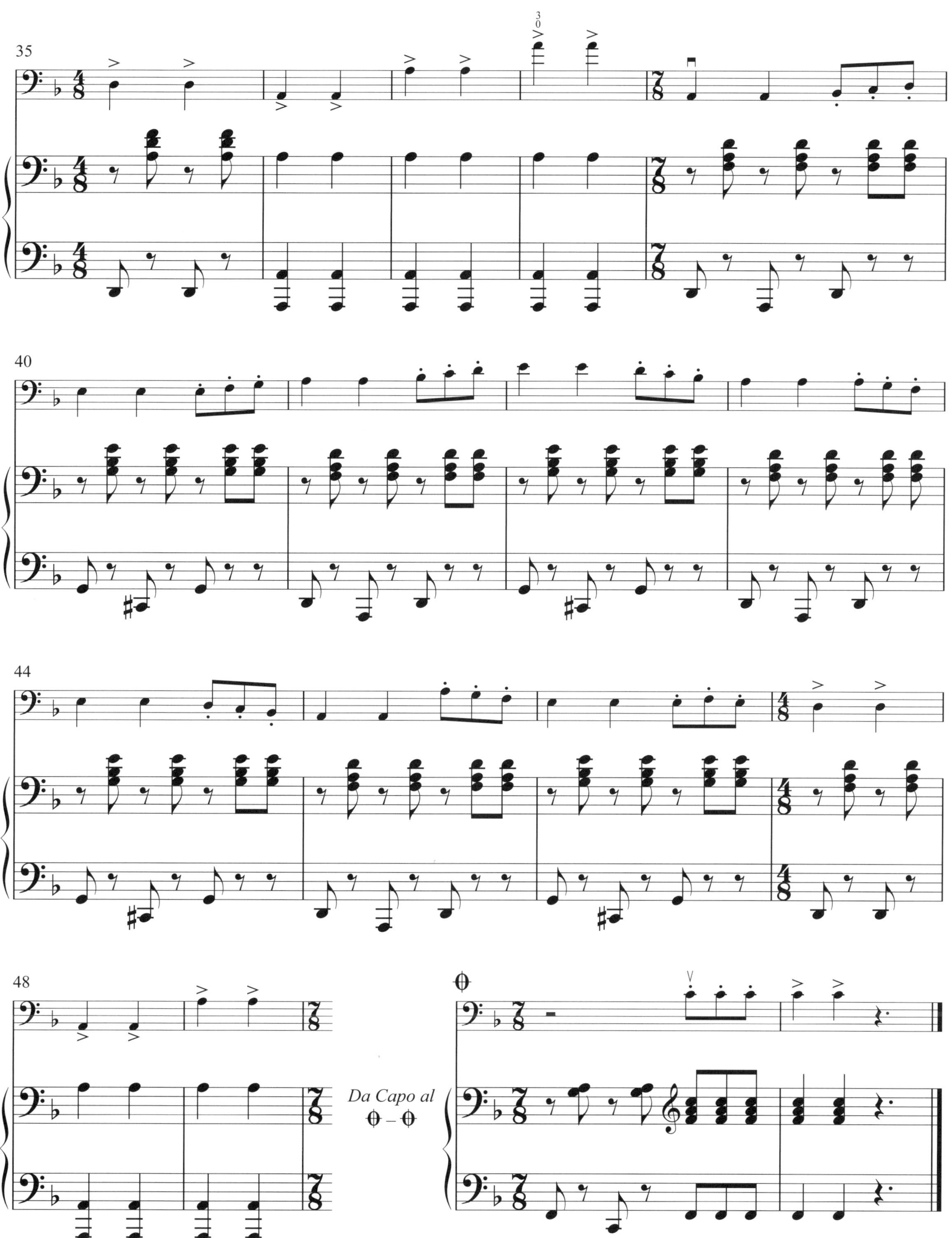
35
40
44
48
Da Capo al
Ф – Ф

10. La petite Marguerite

A. Holzer-Rhomberg

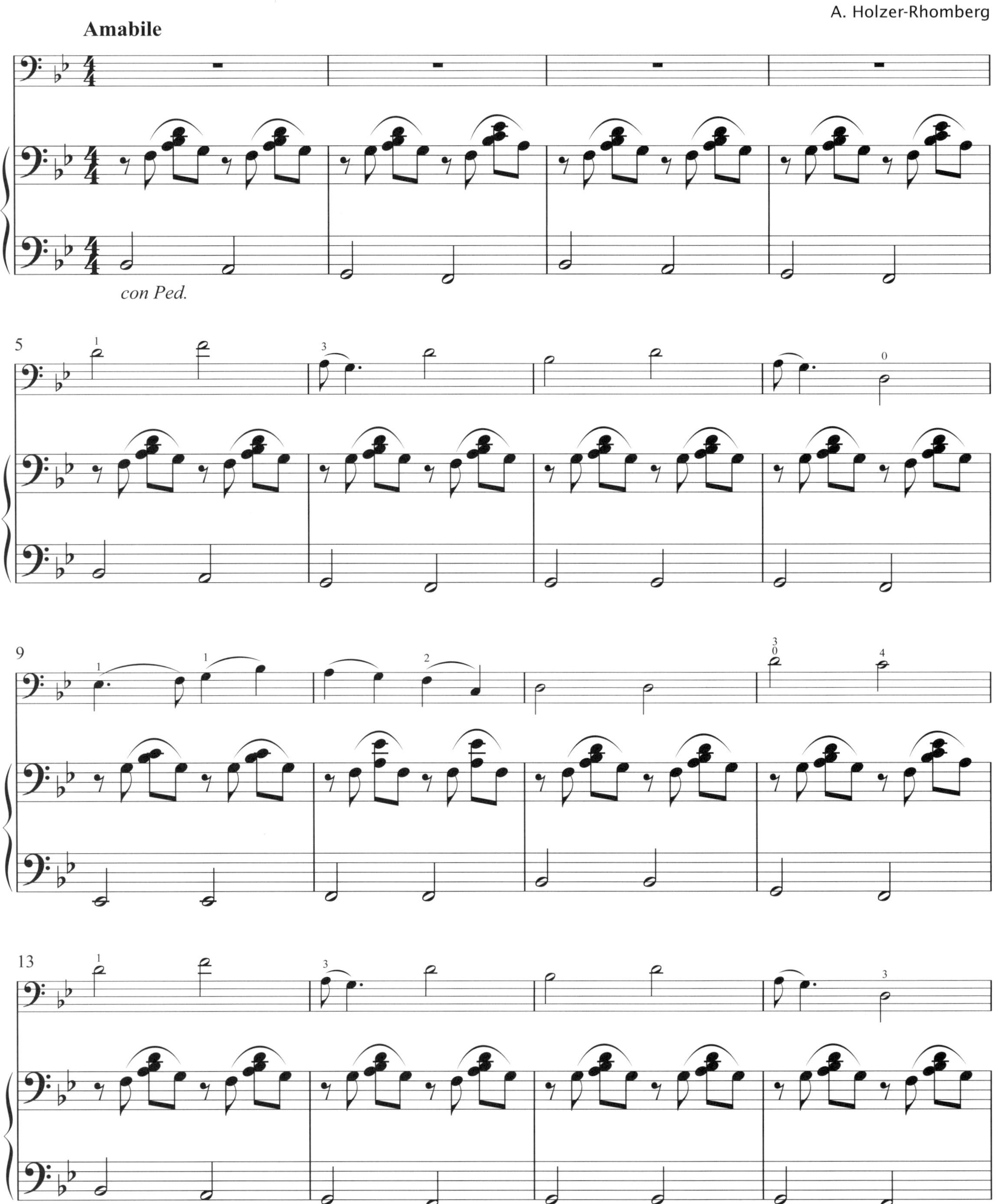

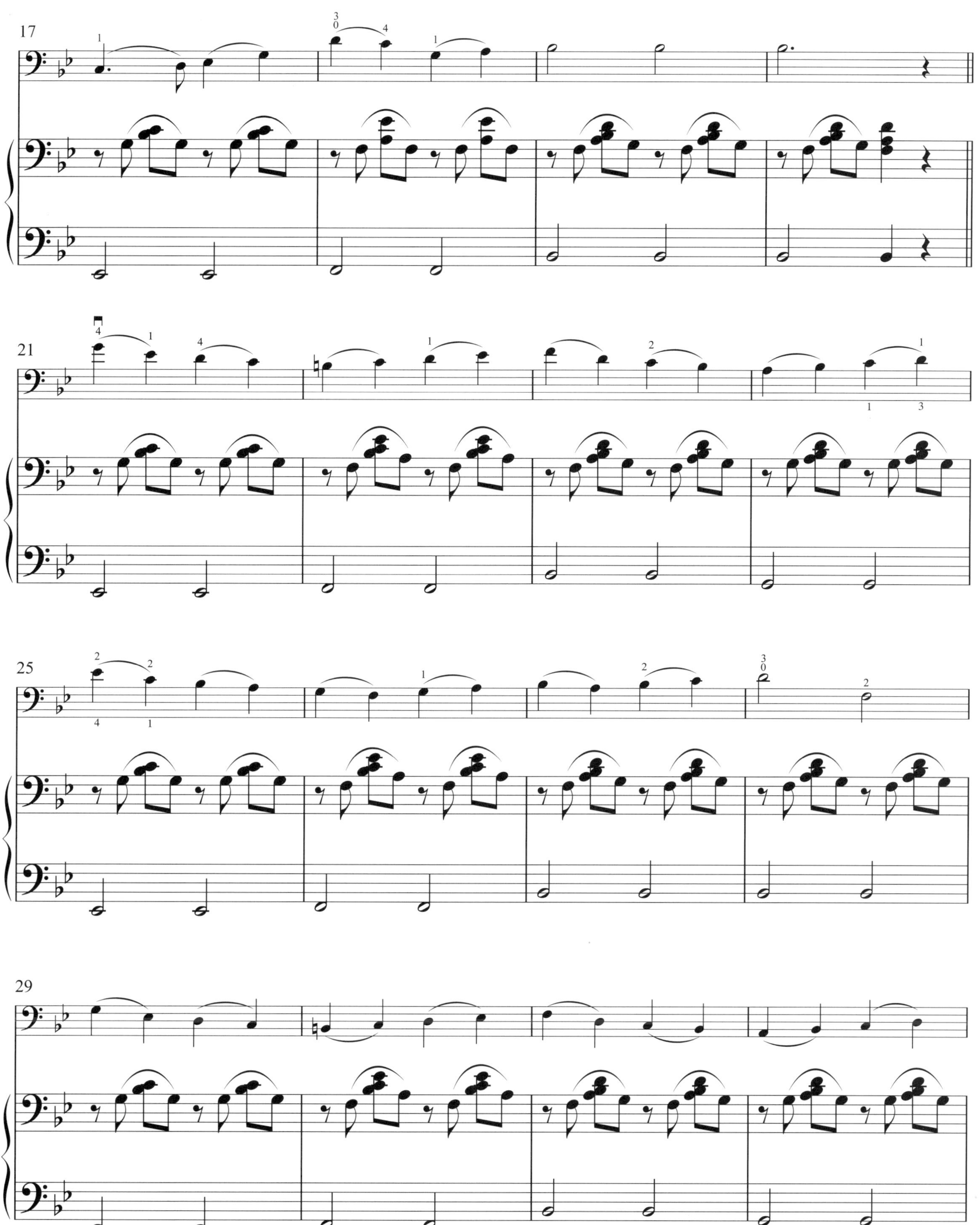
17
21
25
29

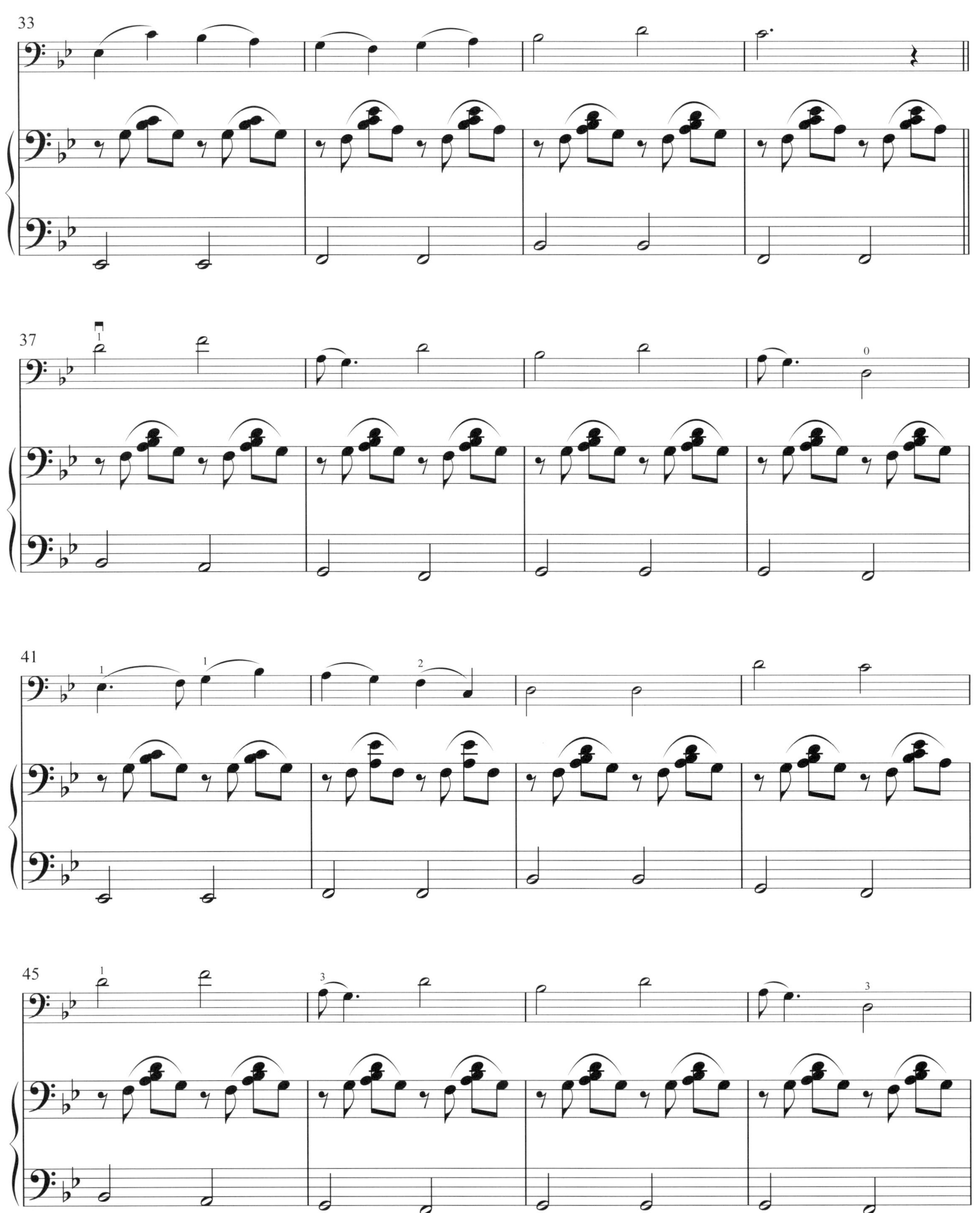

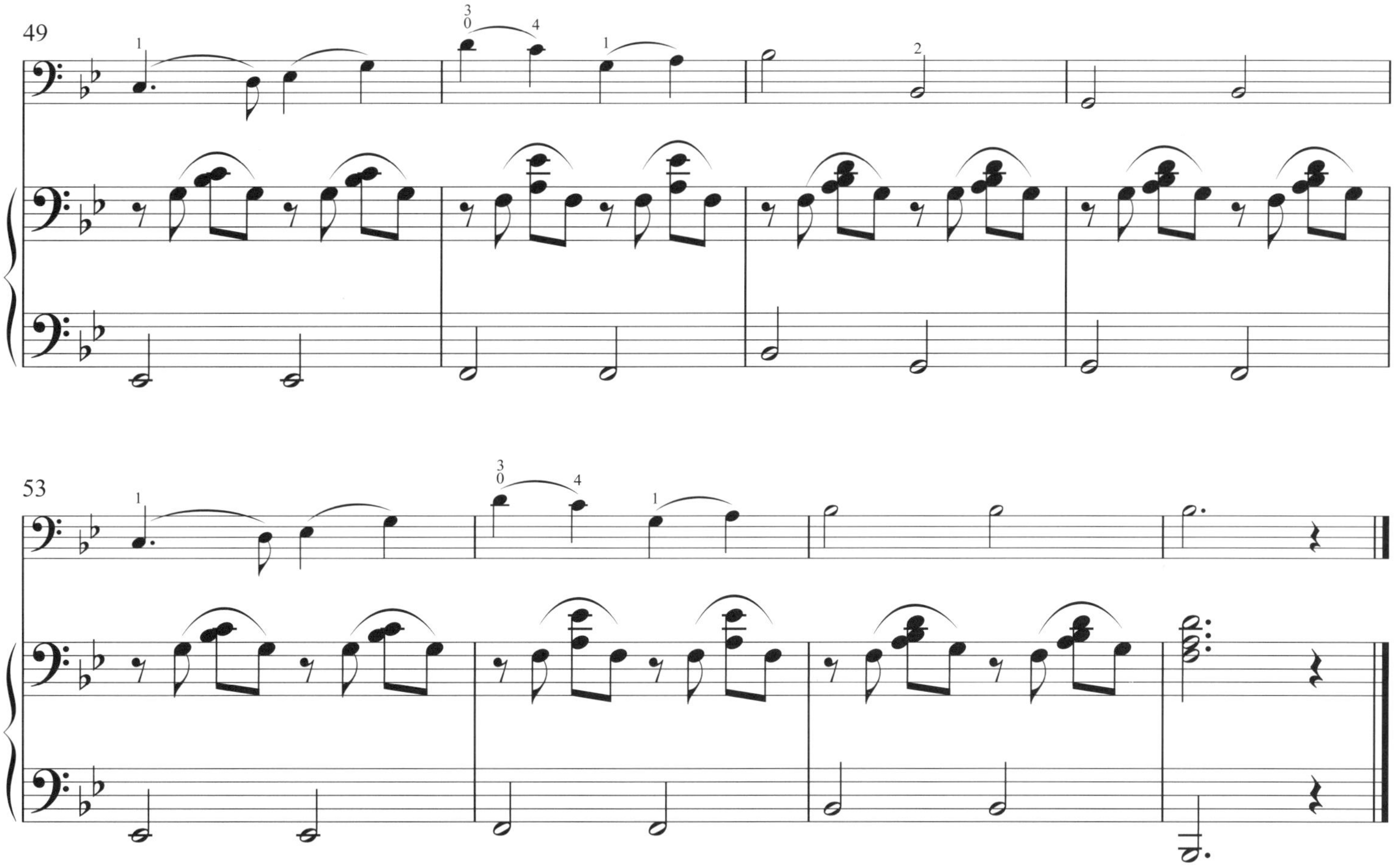

49

53

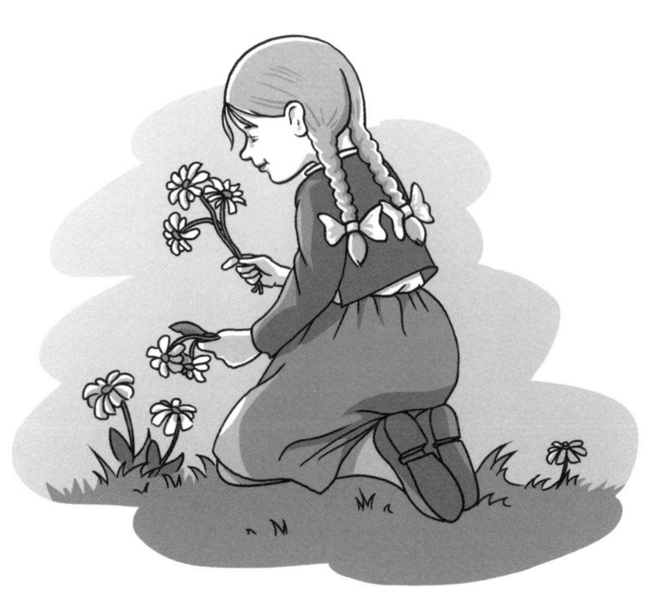

11. Chicken Rag

A. Holzer-Rhomberg

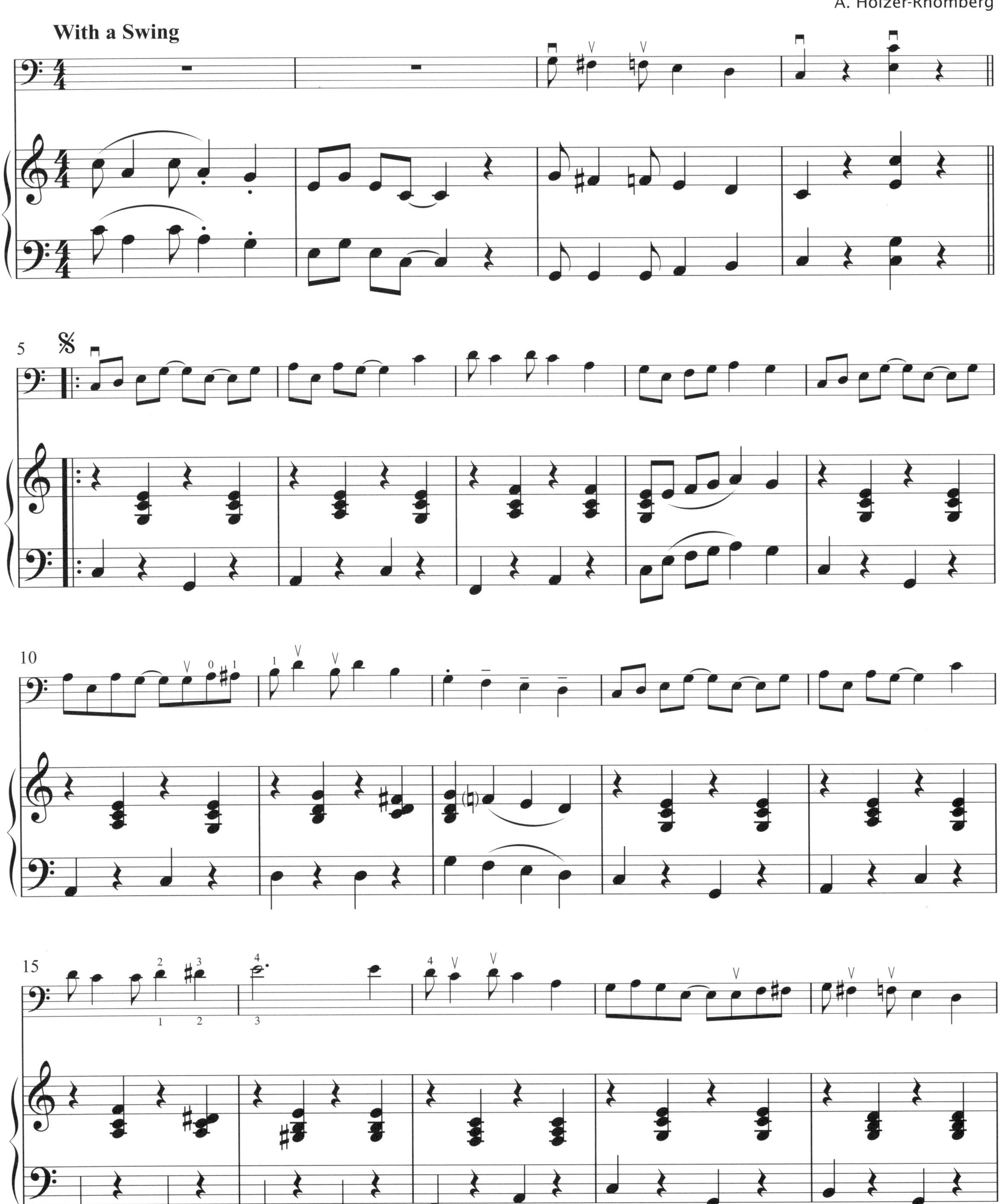

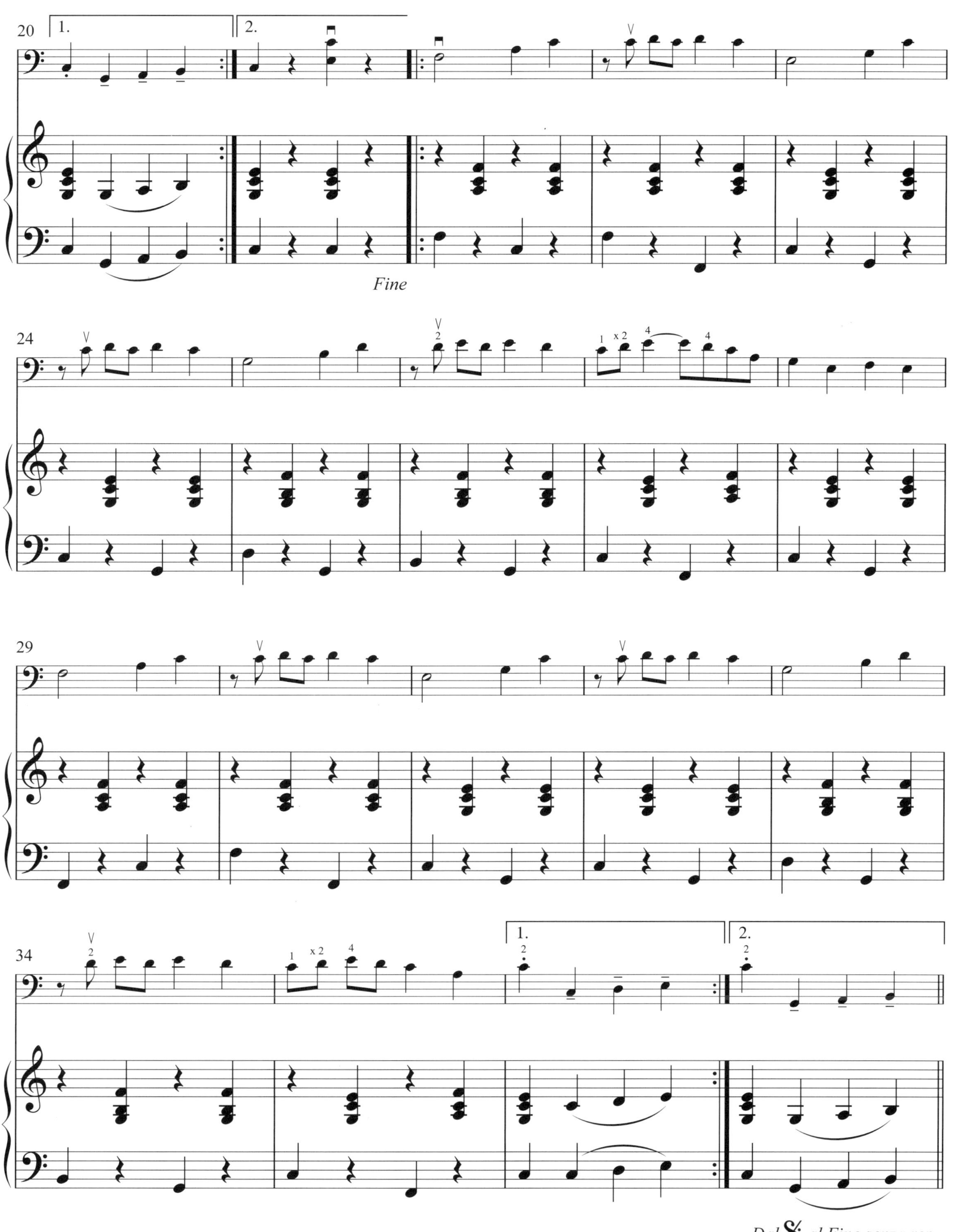
Fine
Dal 𝄋 al Fine senza rep.

12. Tarantella für Marcella

A. Holzer-Rhomberg

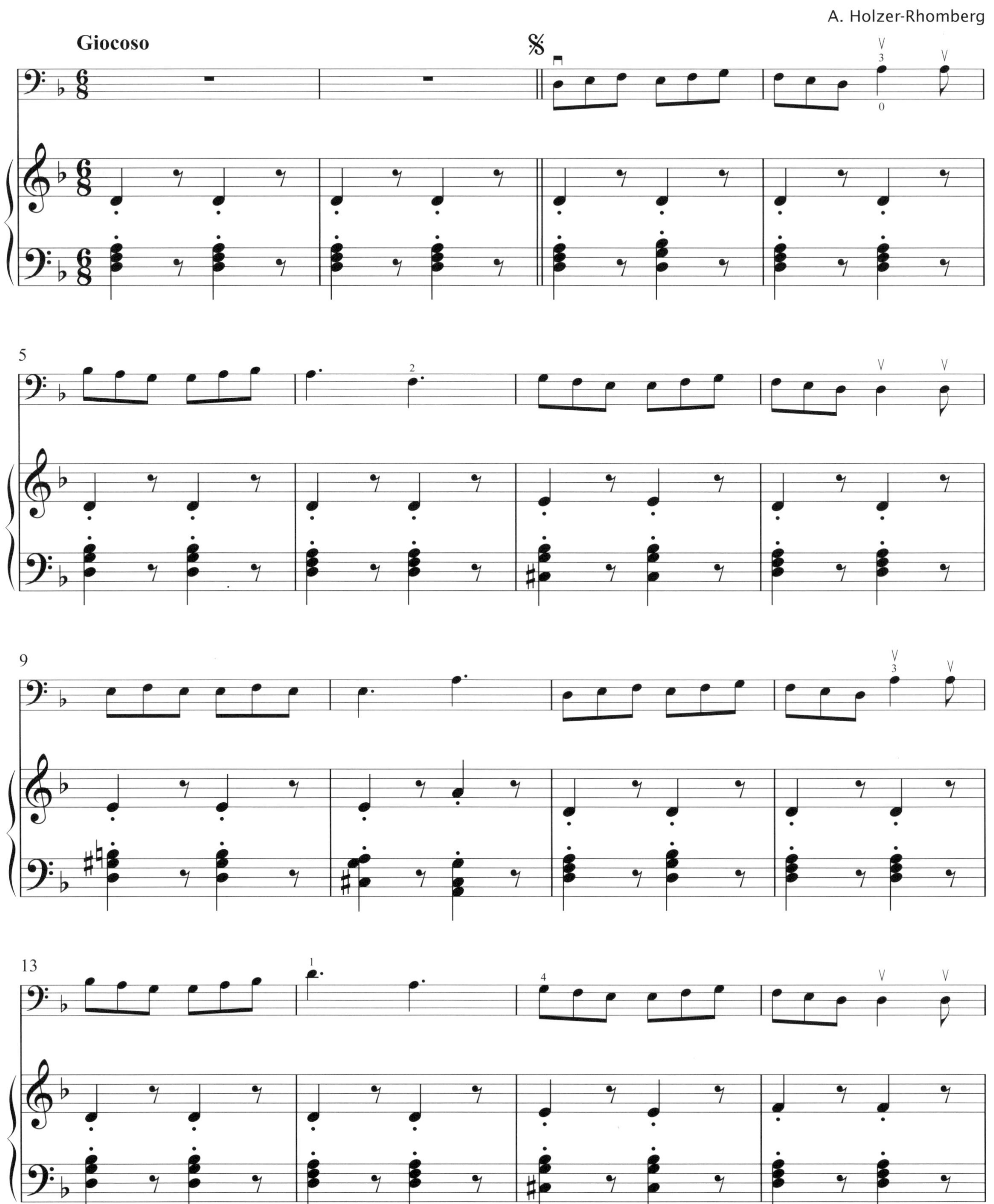

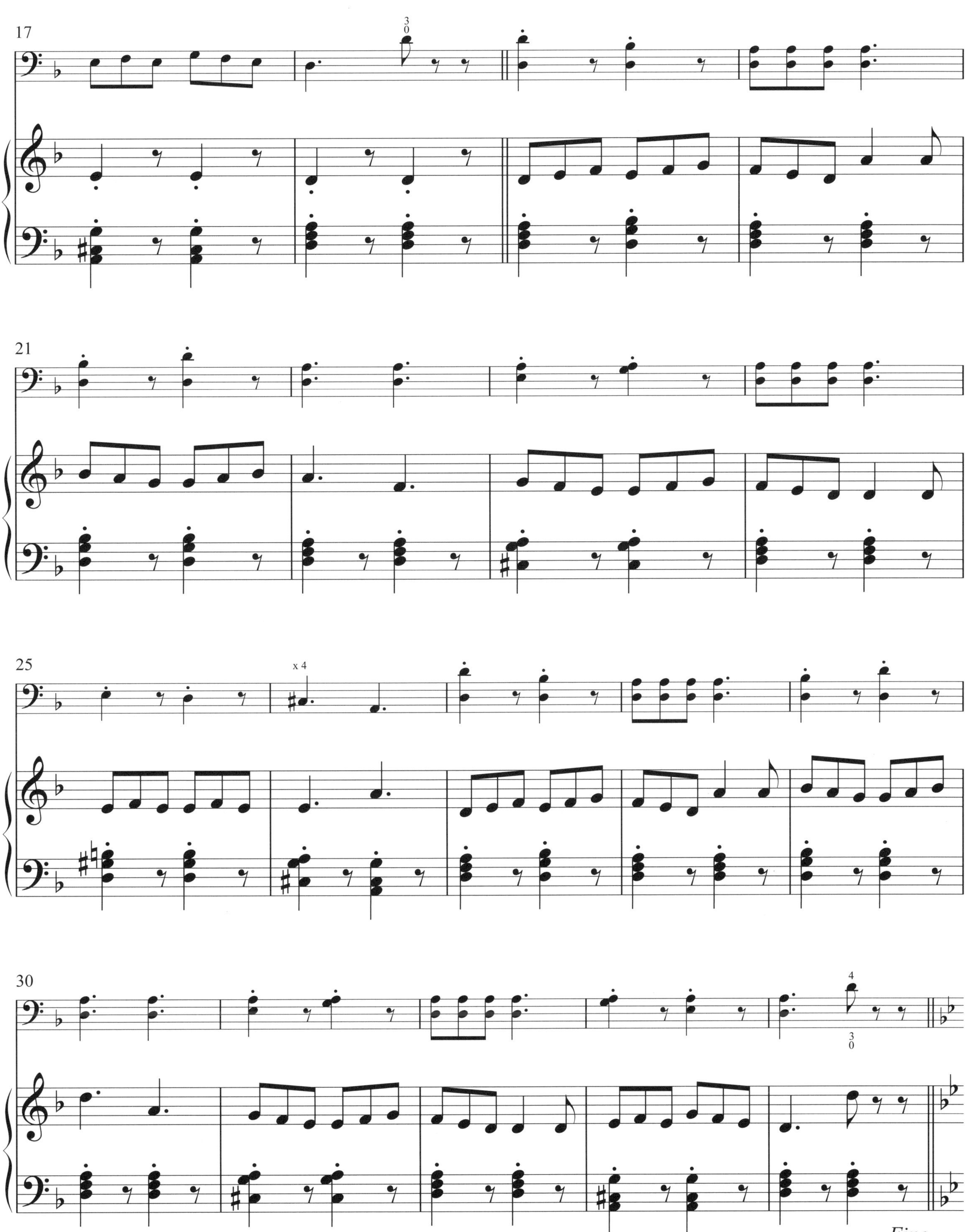
17
3
0
21
25
x 4
30
4
3
0
Fine

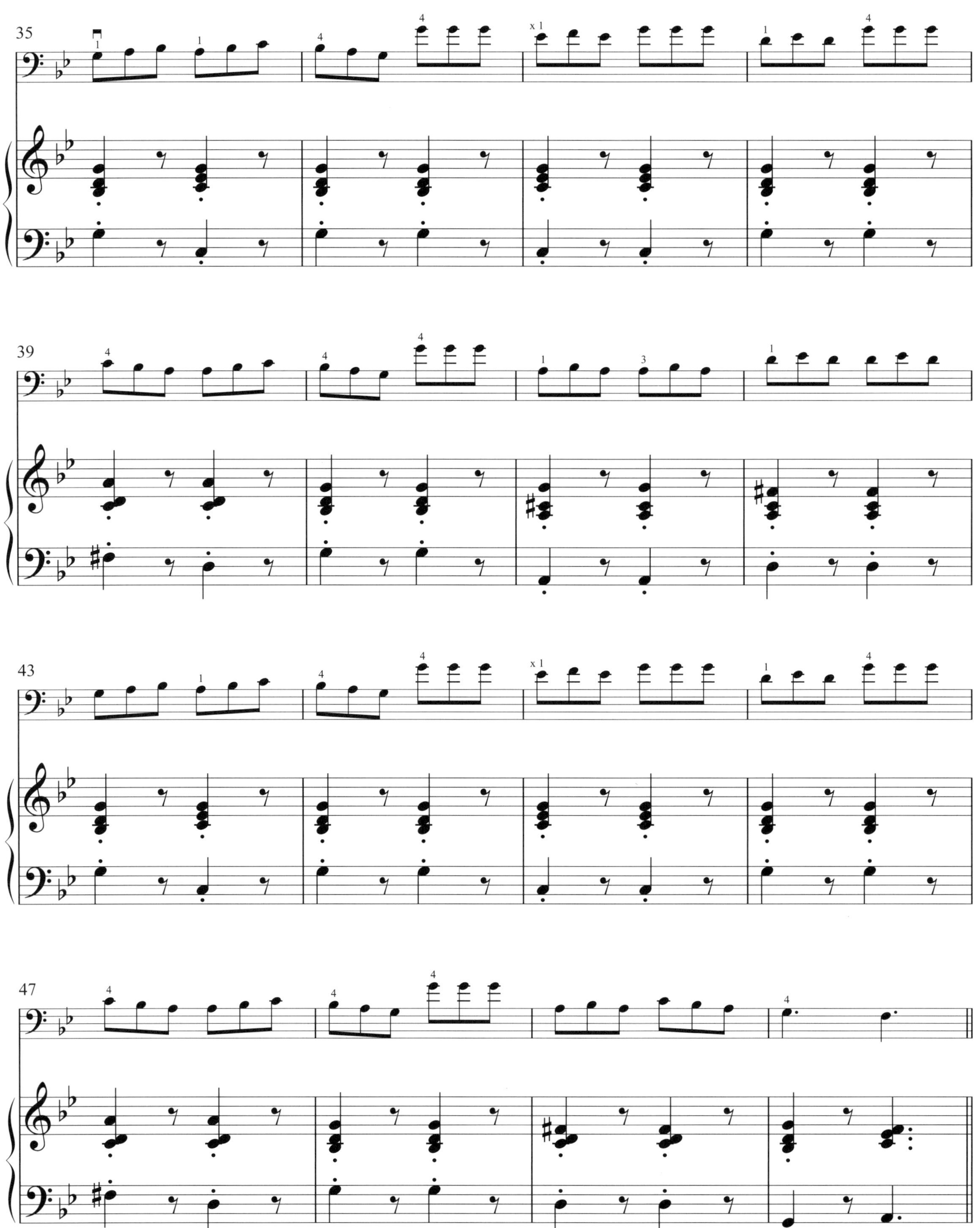
35
39
43
47

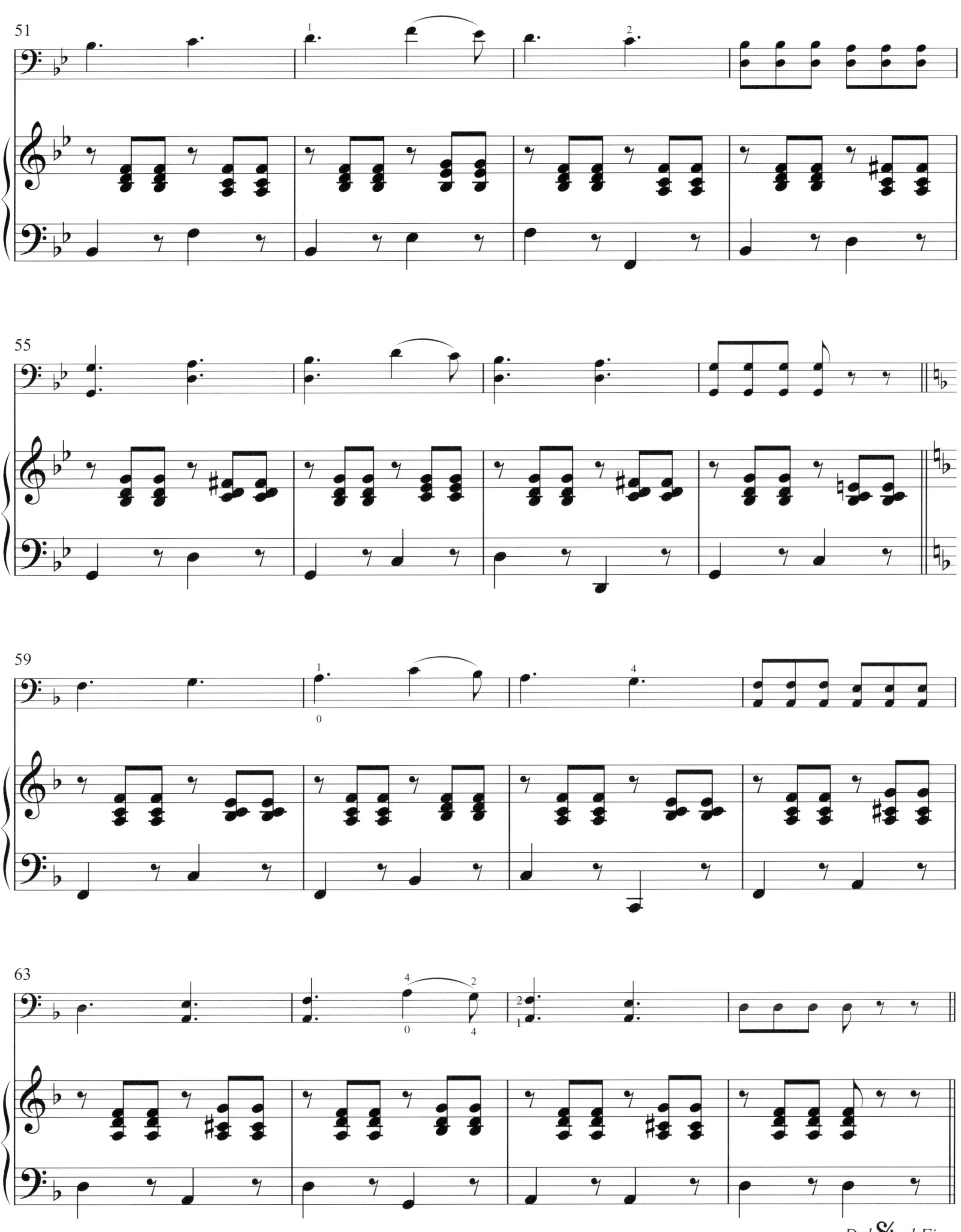
51
55
59
63
Dal 𝄋 al Fine

13. Fantasia Hungarica

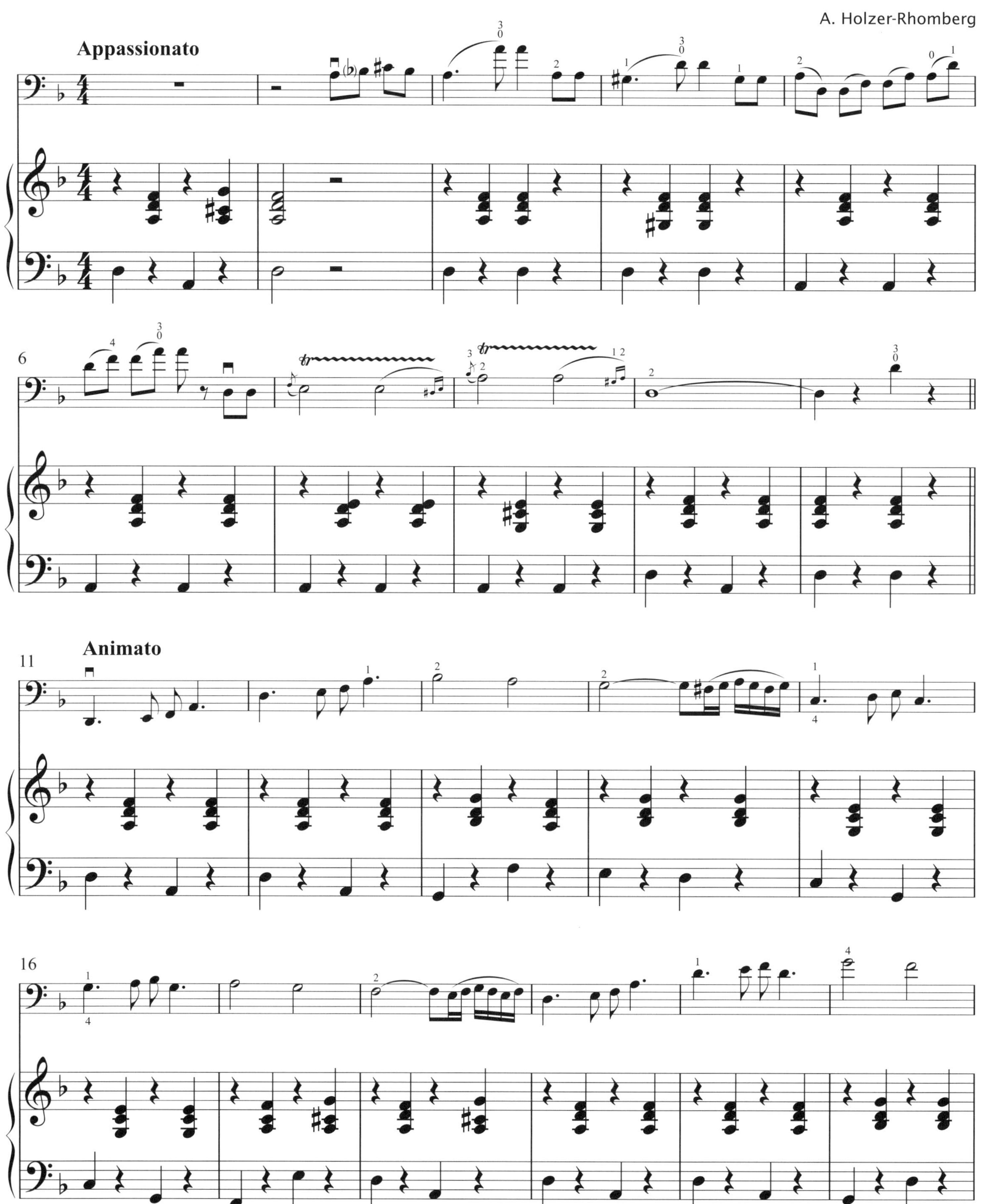

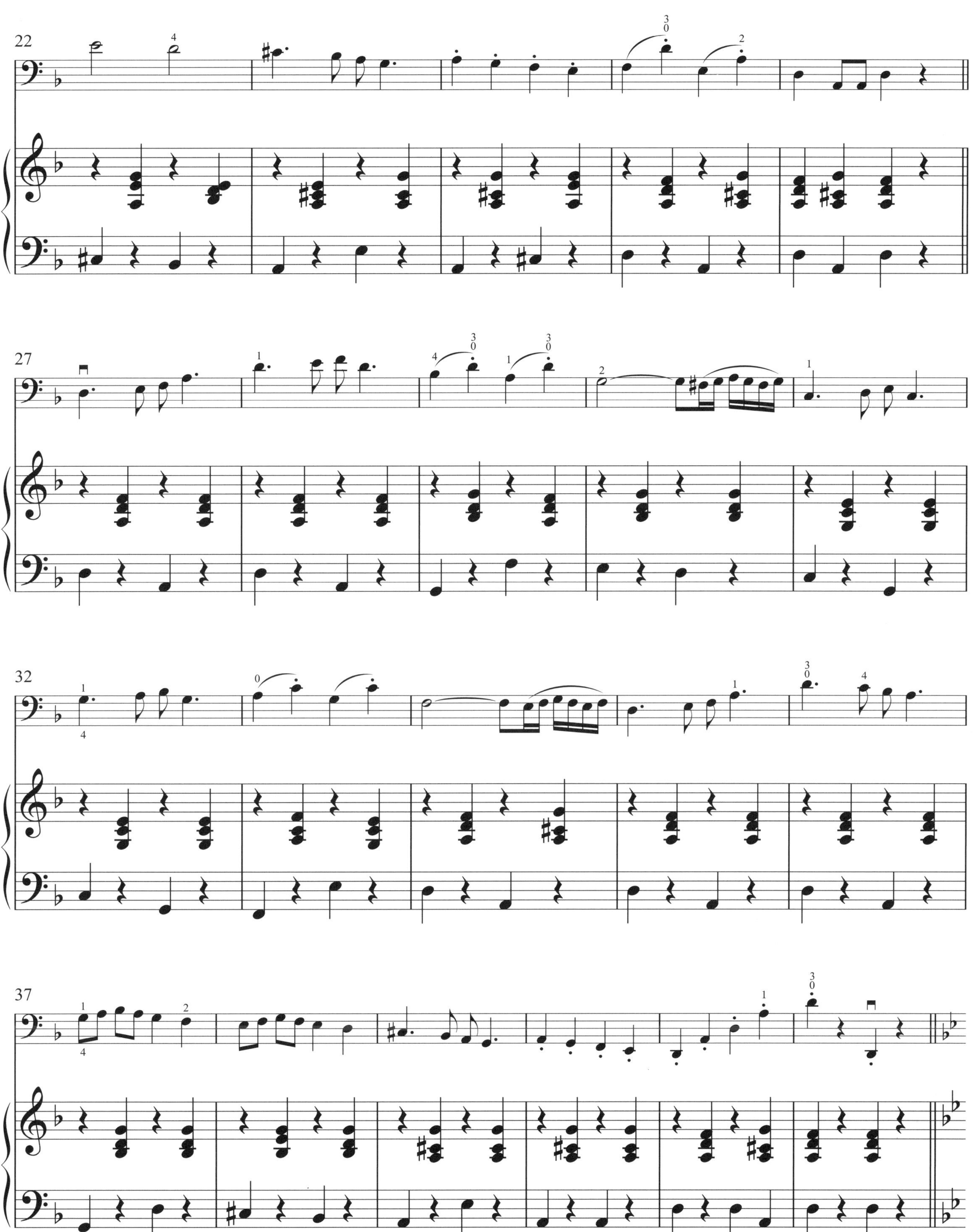

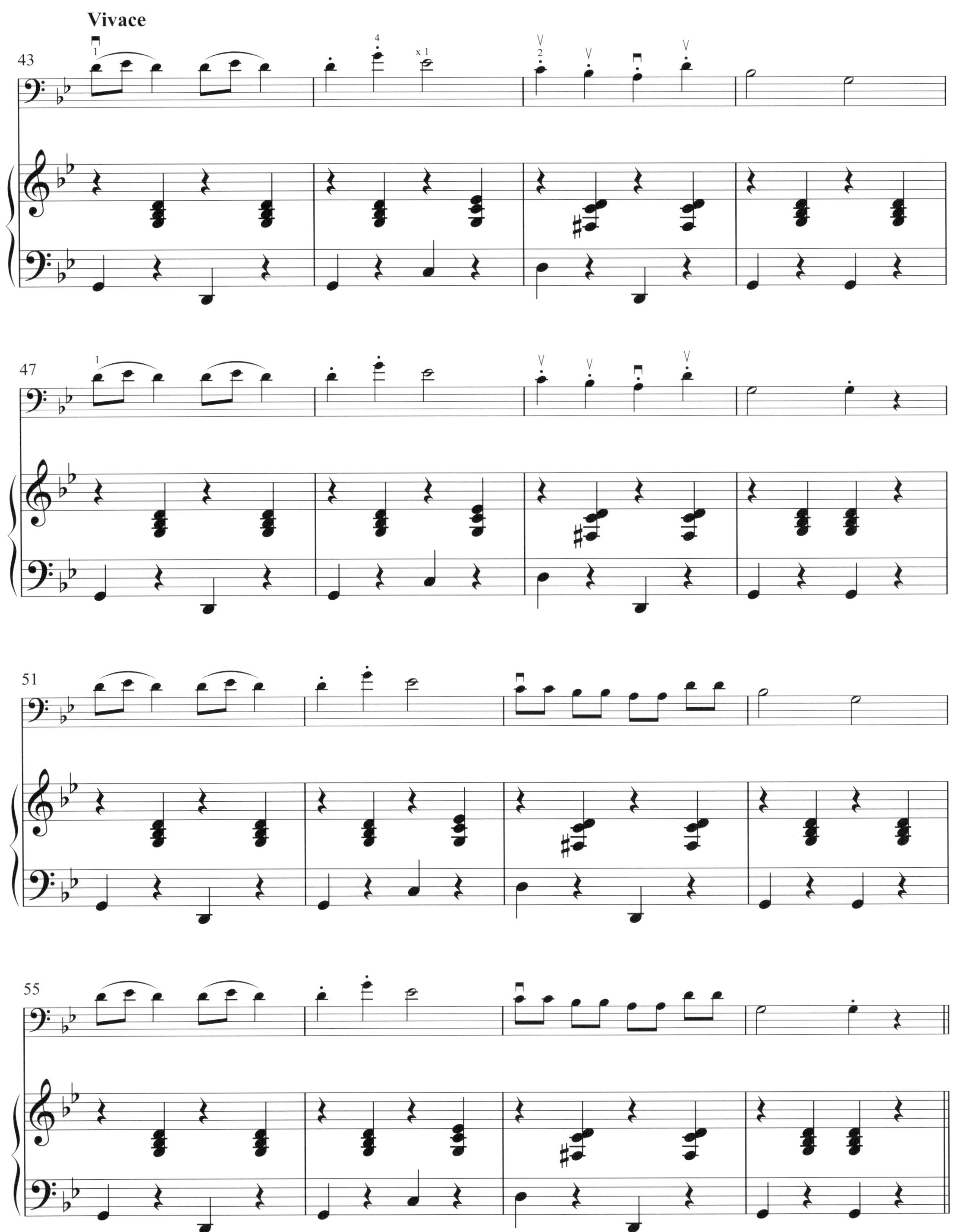
Vivace
43
47
51
55

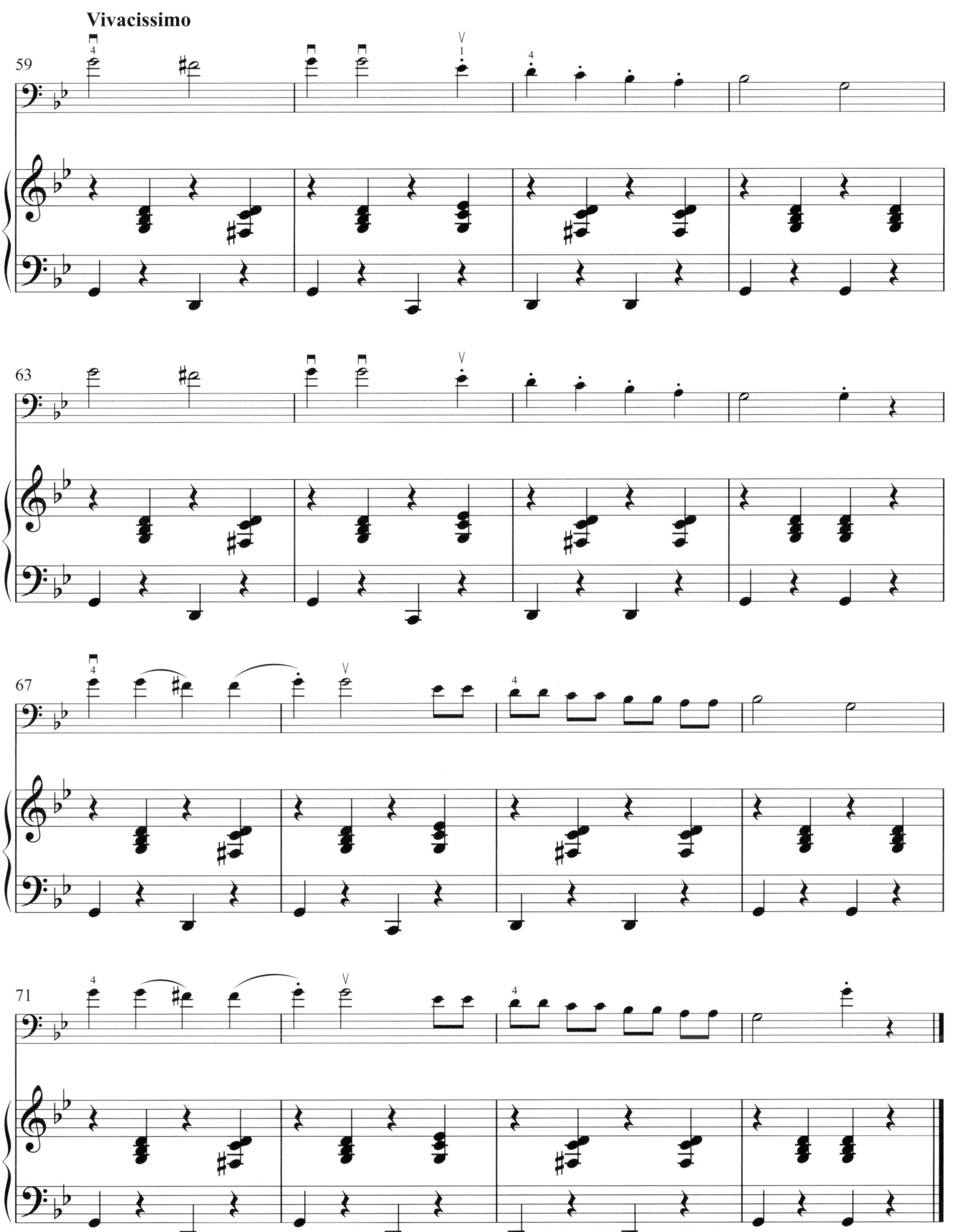

Vivacissimo
59
63
67
71

14. Fiesta Andaluza

A. Holzer-Rhomberg

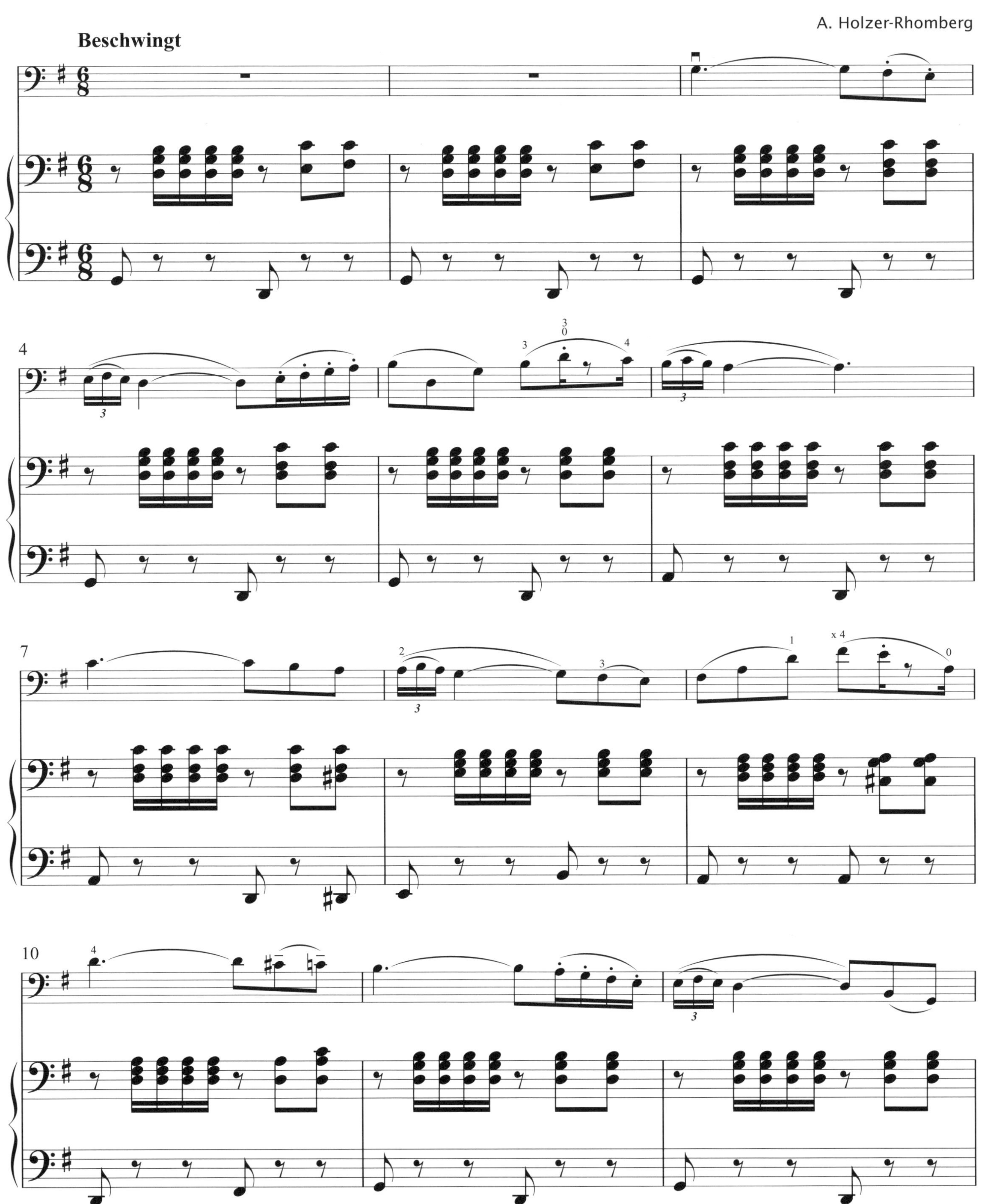

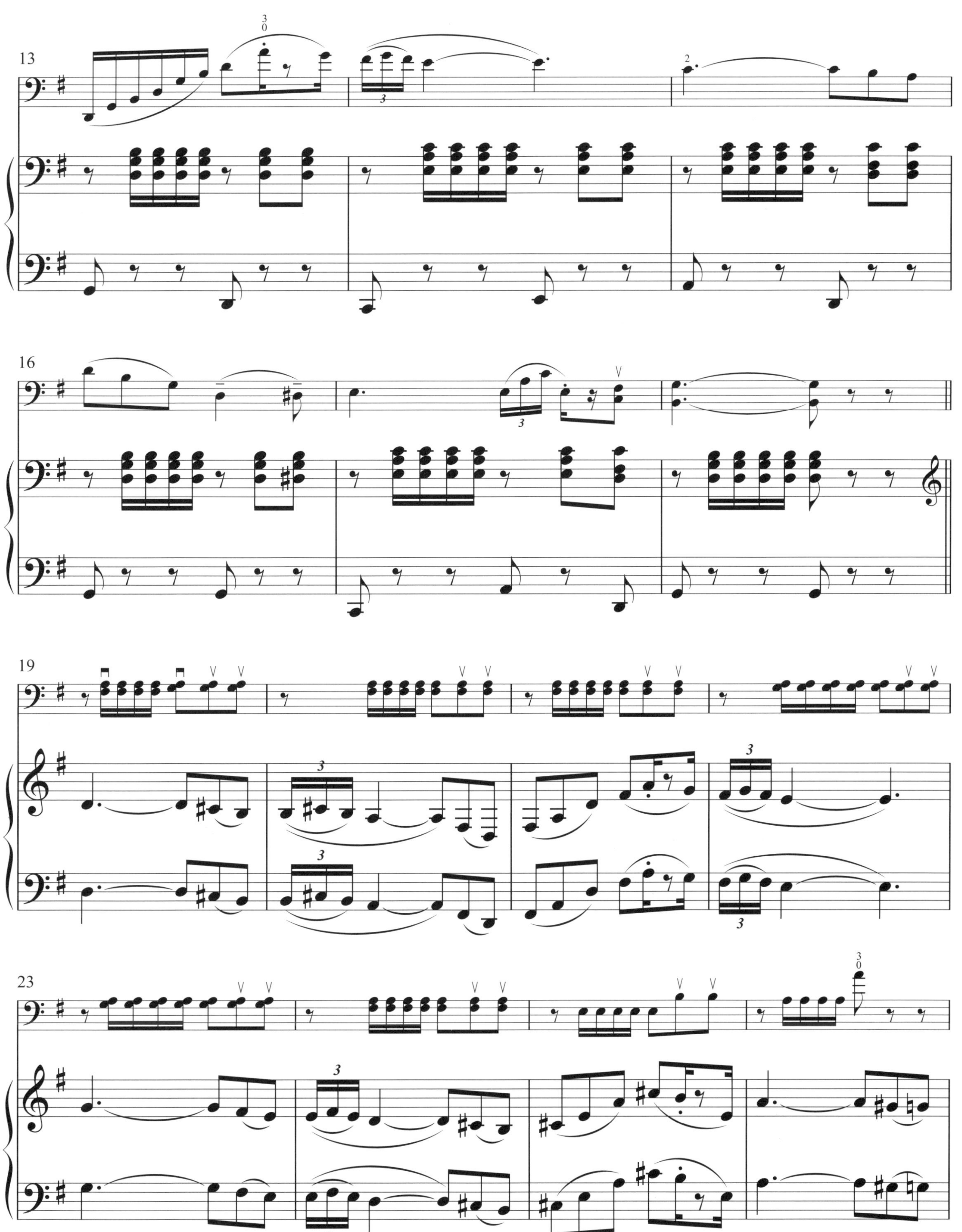
13
16
19
23

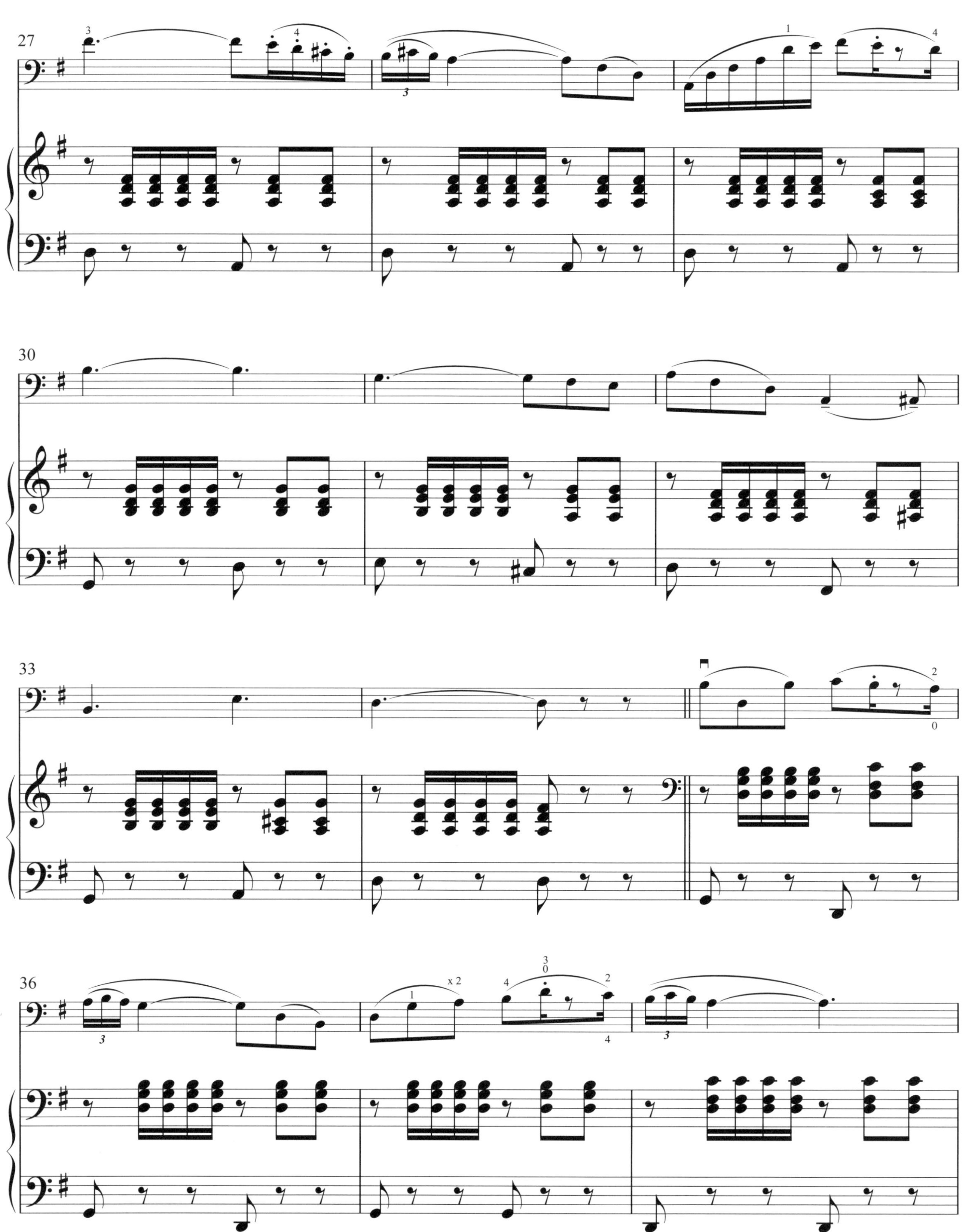
27
3
4
3
1
4
30
33
2
0
36
3
1
x 2
4
3
0
2
4
3

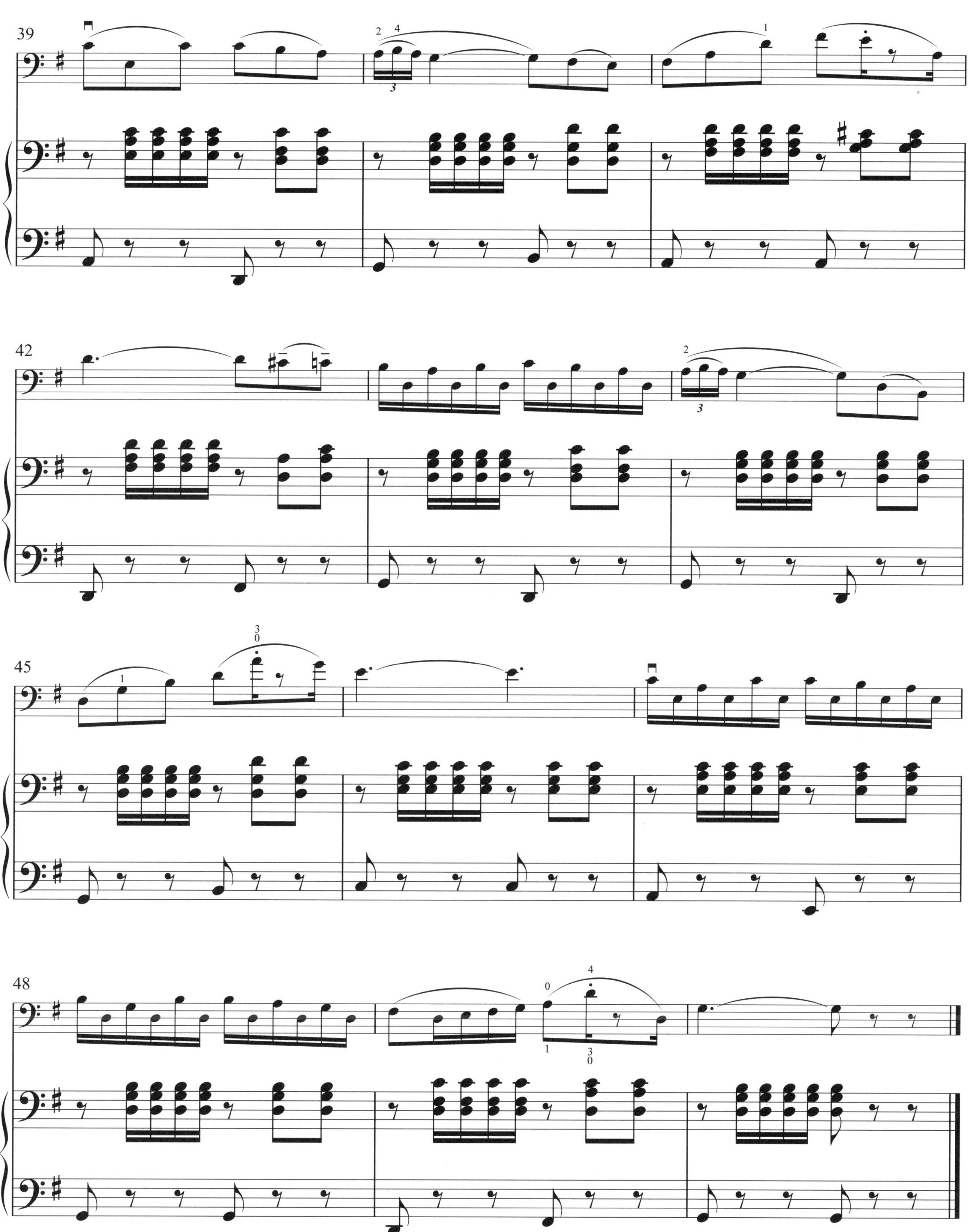
39
42
45
48

15. Kosakentanz

A. Holzer-Rhomberg

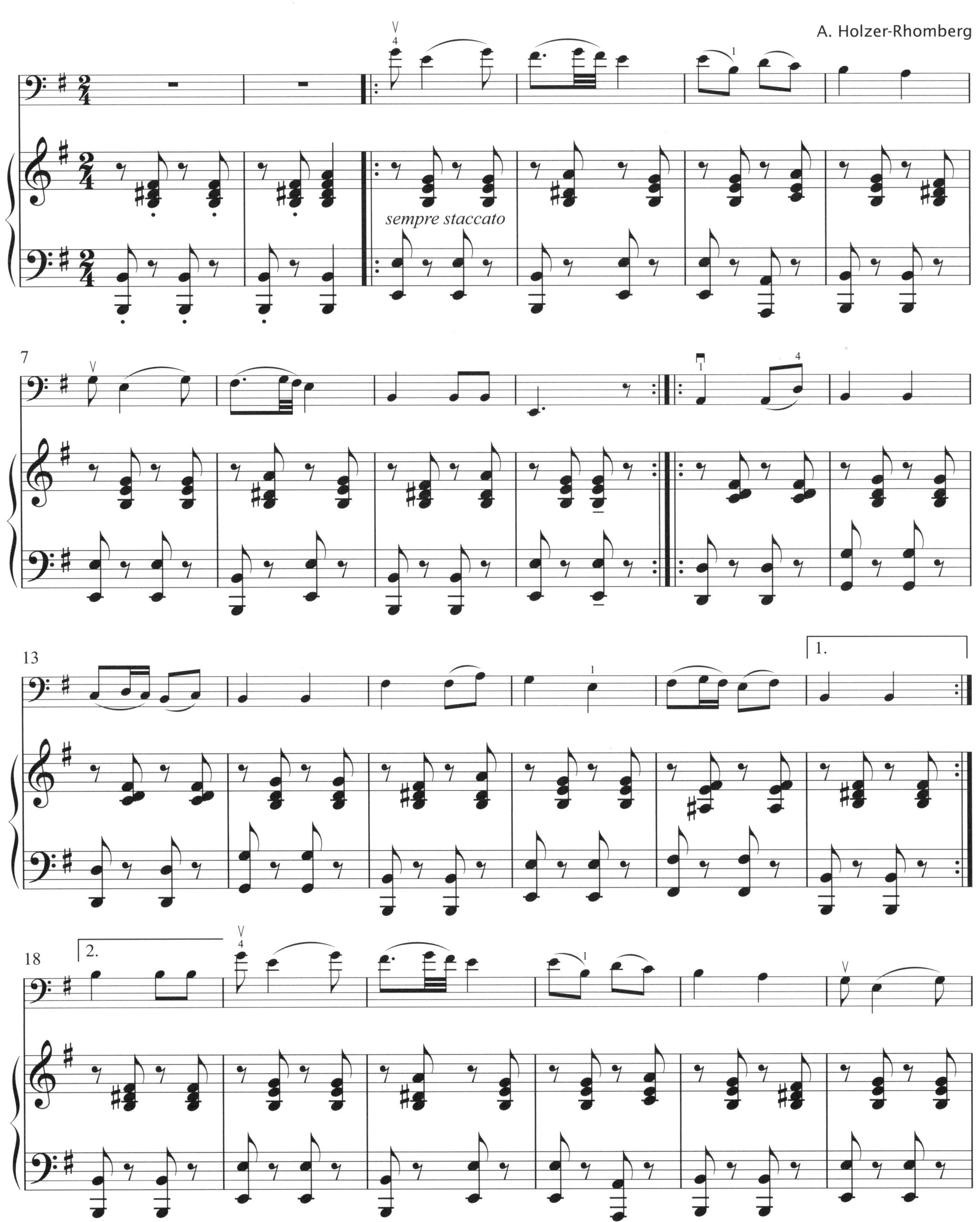

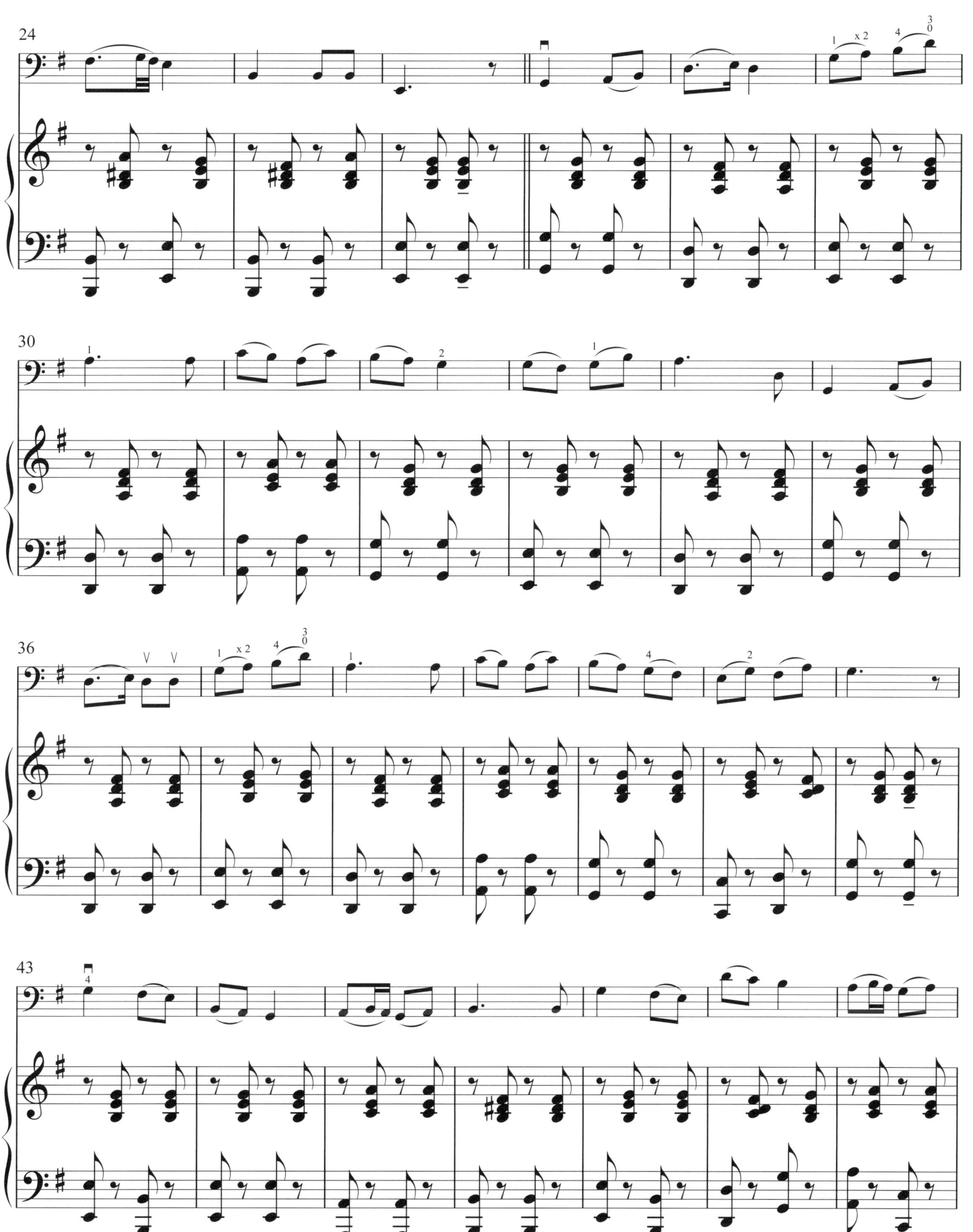
24
1
x 2
4
3
0
30
1
1
2
1
36
1
x 2
4
3
0
1
4
2
43
4

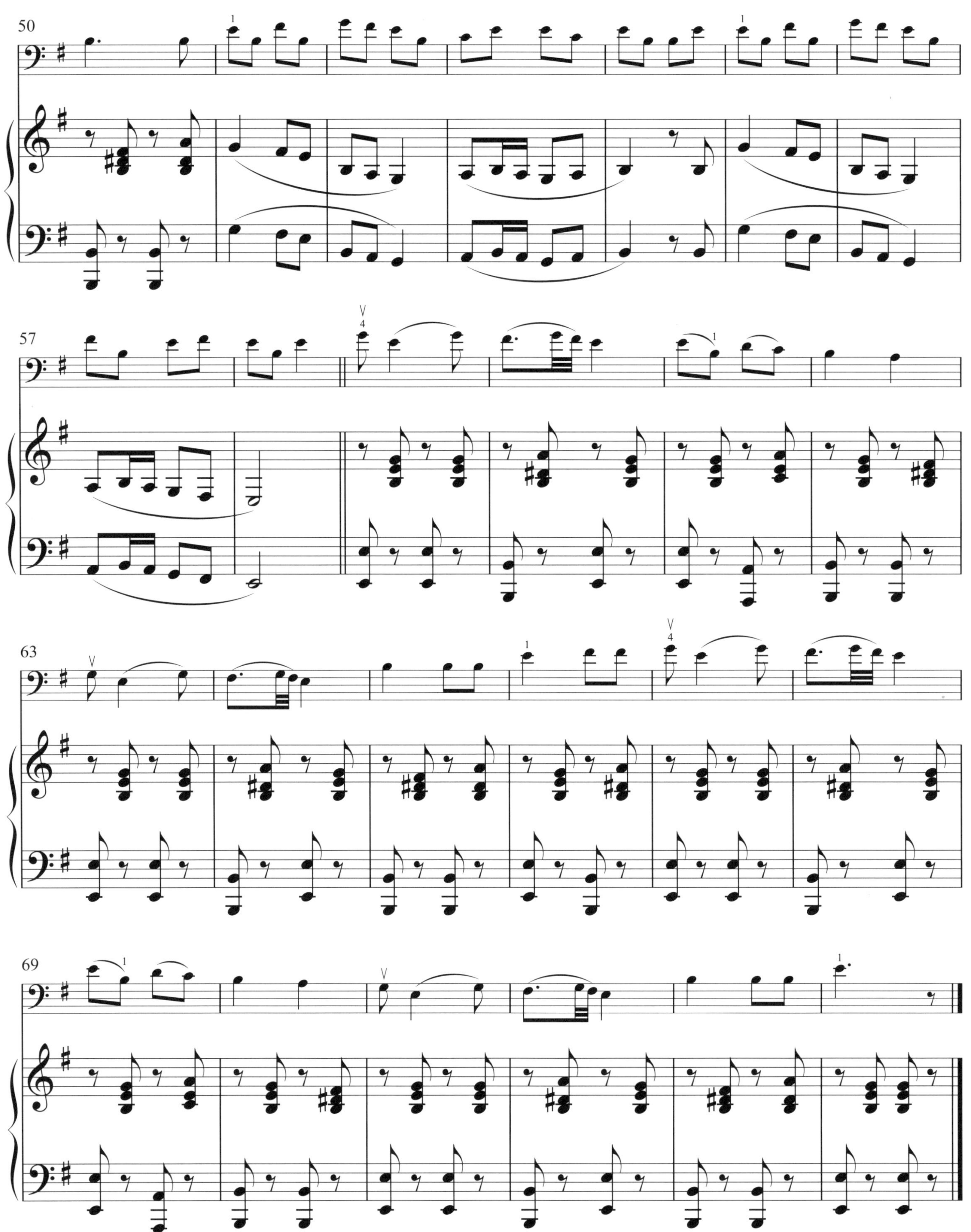
50
57
63
69

16. Schorschis Schräg-Räg

A. Holzer-Rhomberg

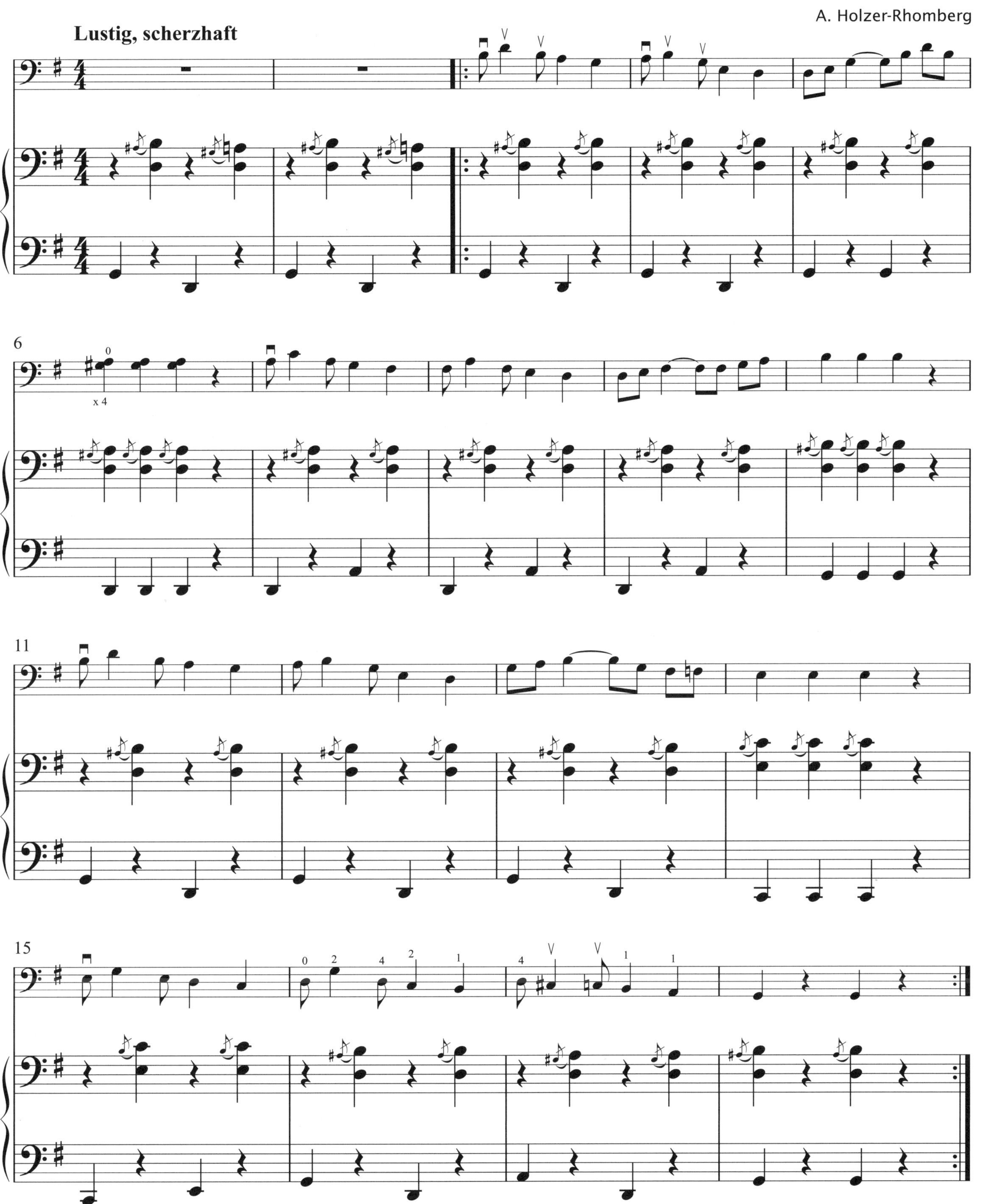

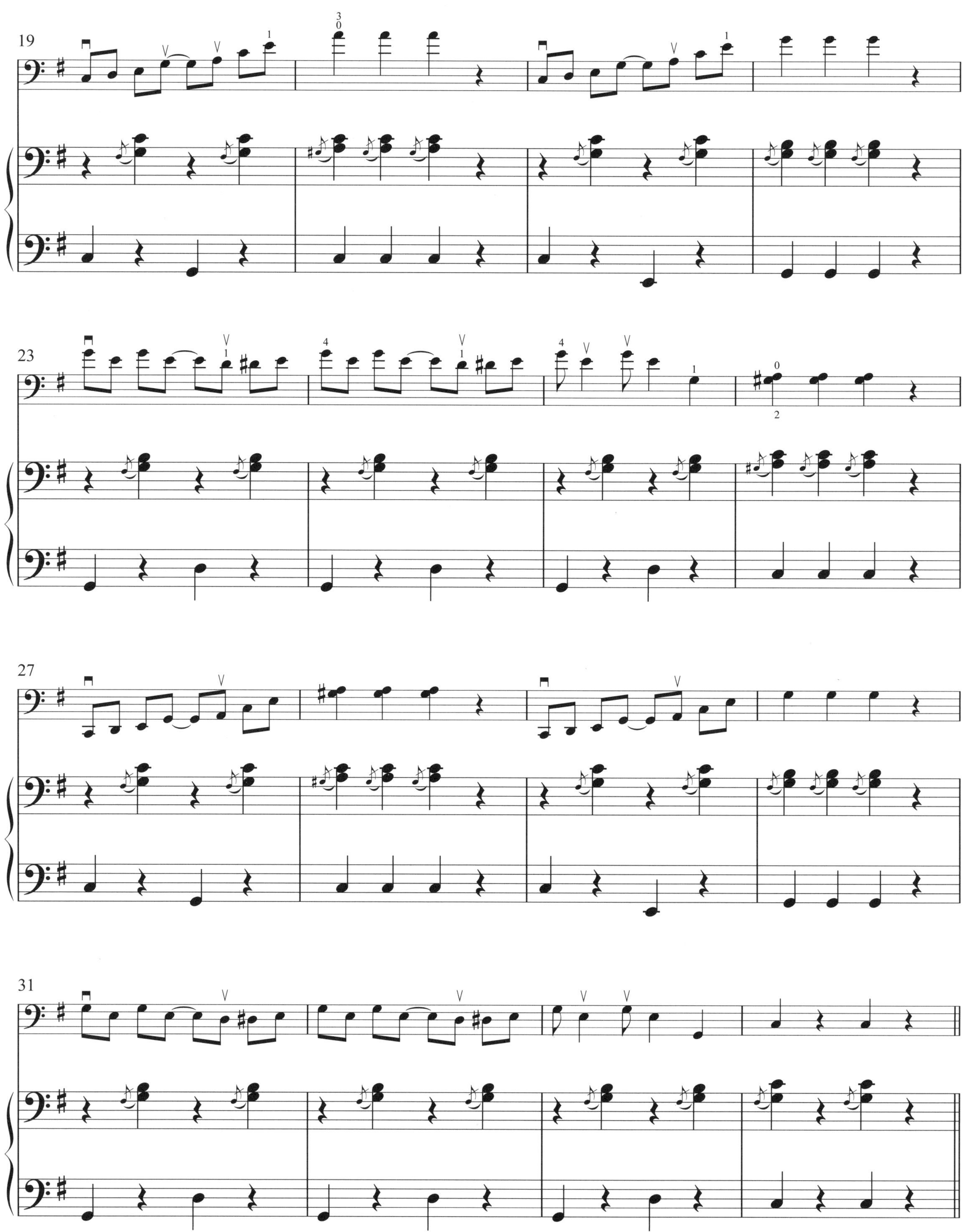

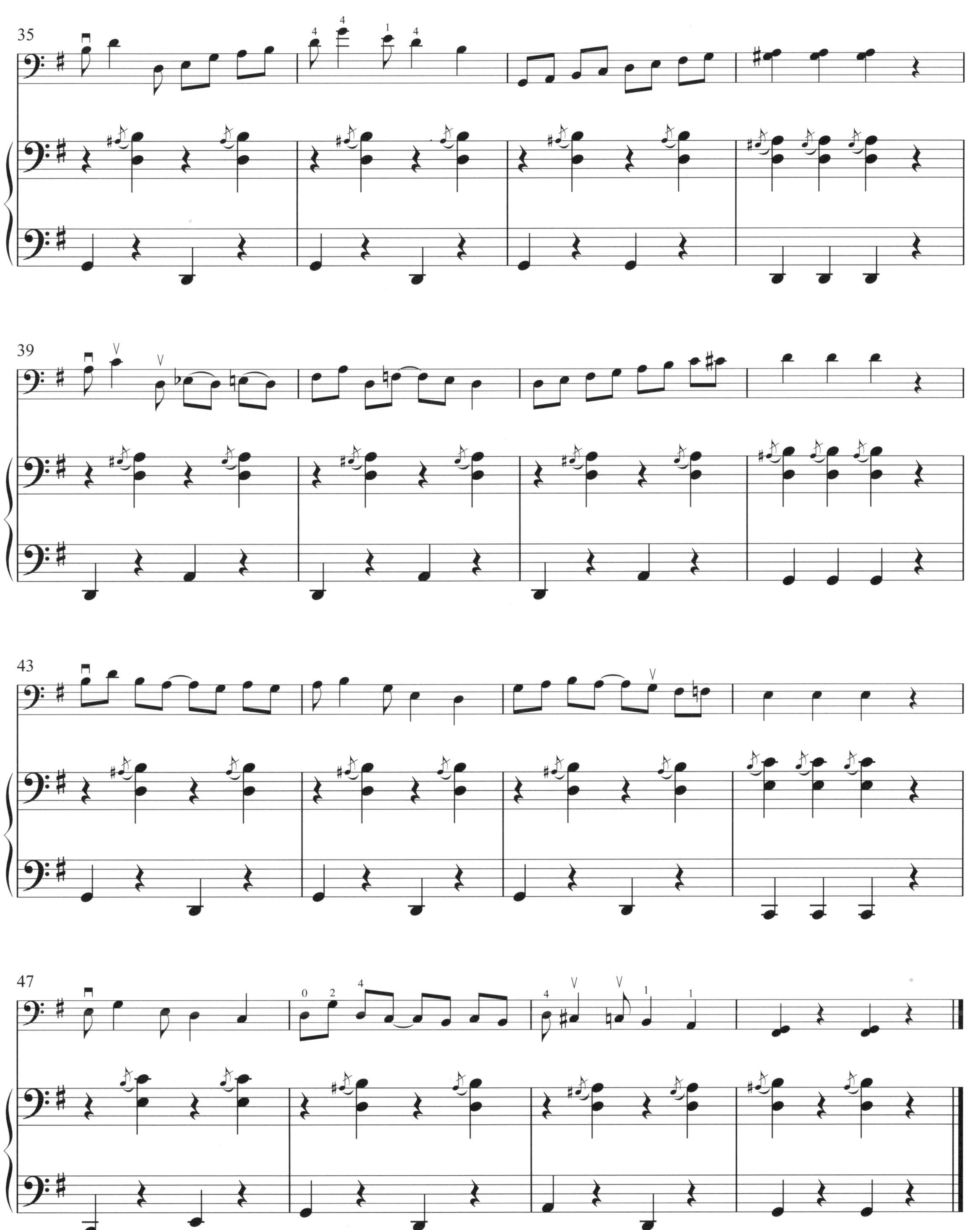
35
39
43
47
4
4
1
4
0
2
4
4
1
1

17. Galopp

A. Holzer-Rhomberg

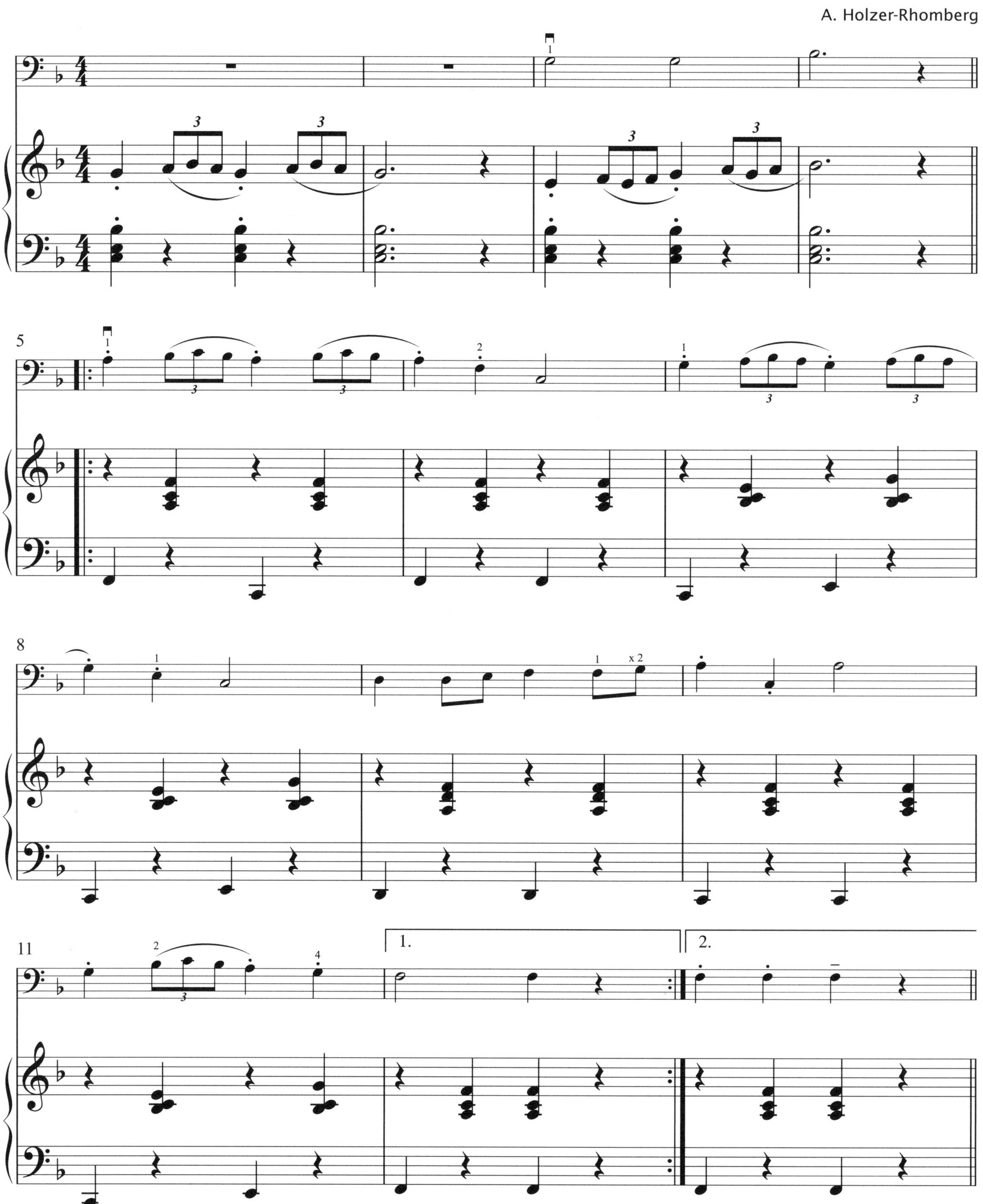

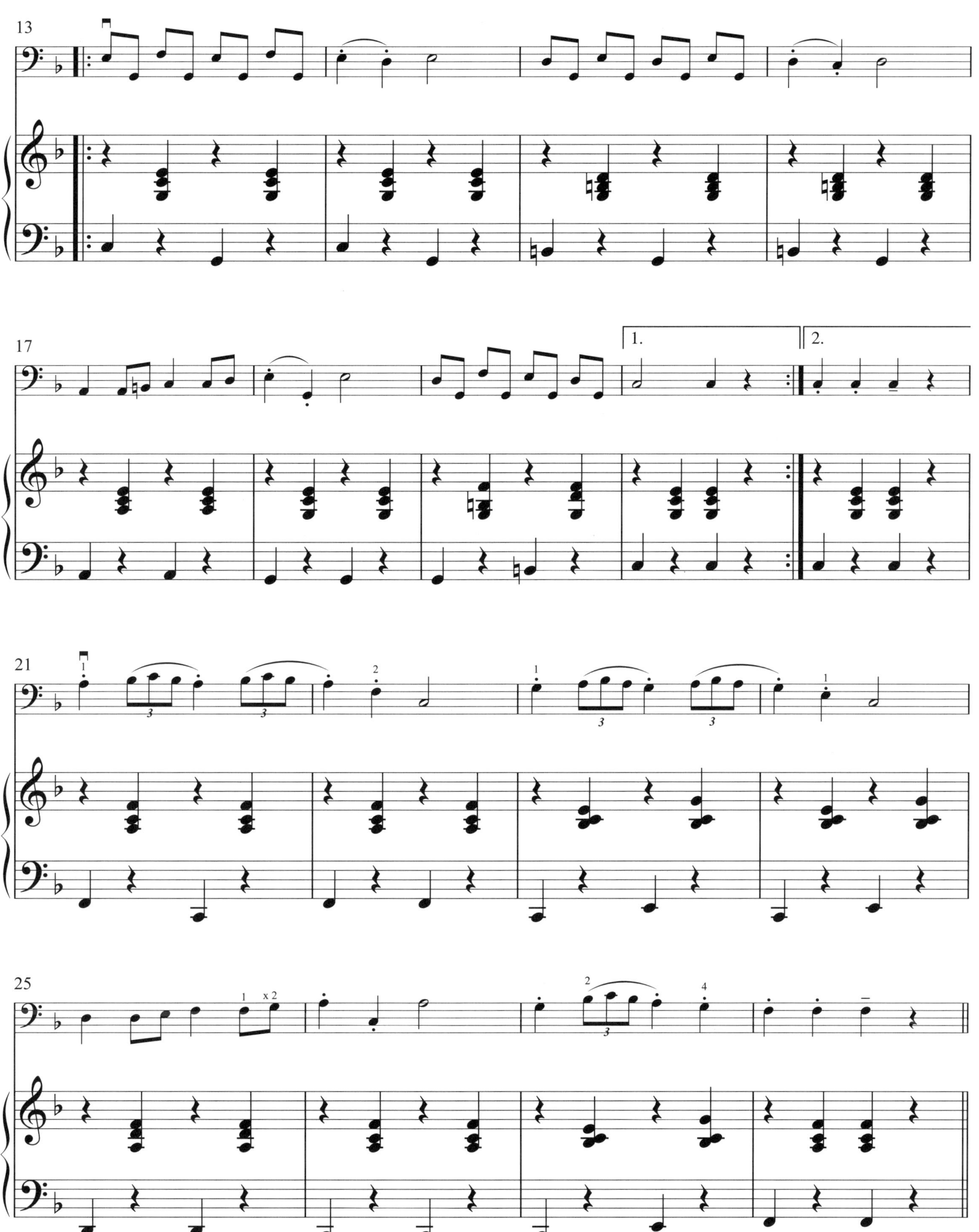
13
17
1.
2.
21
25

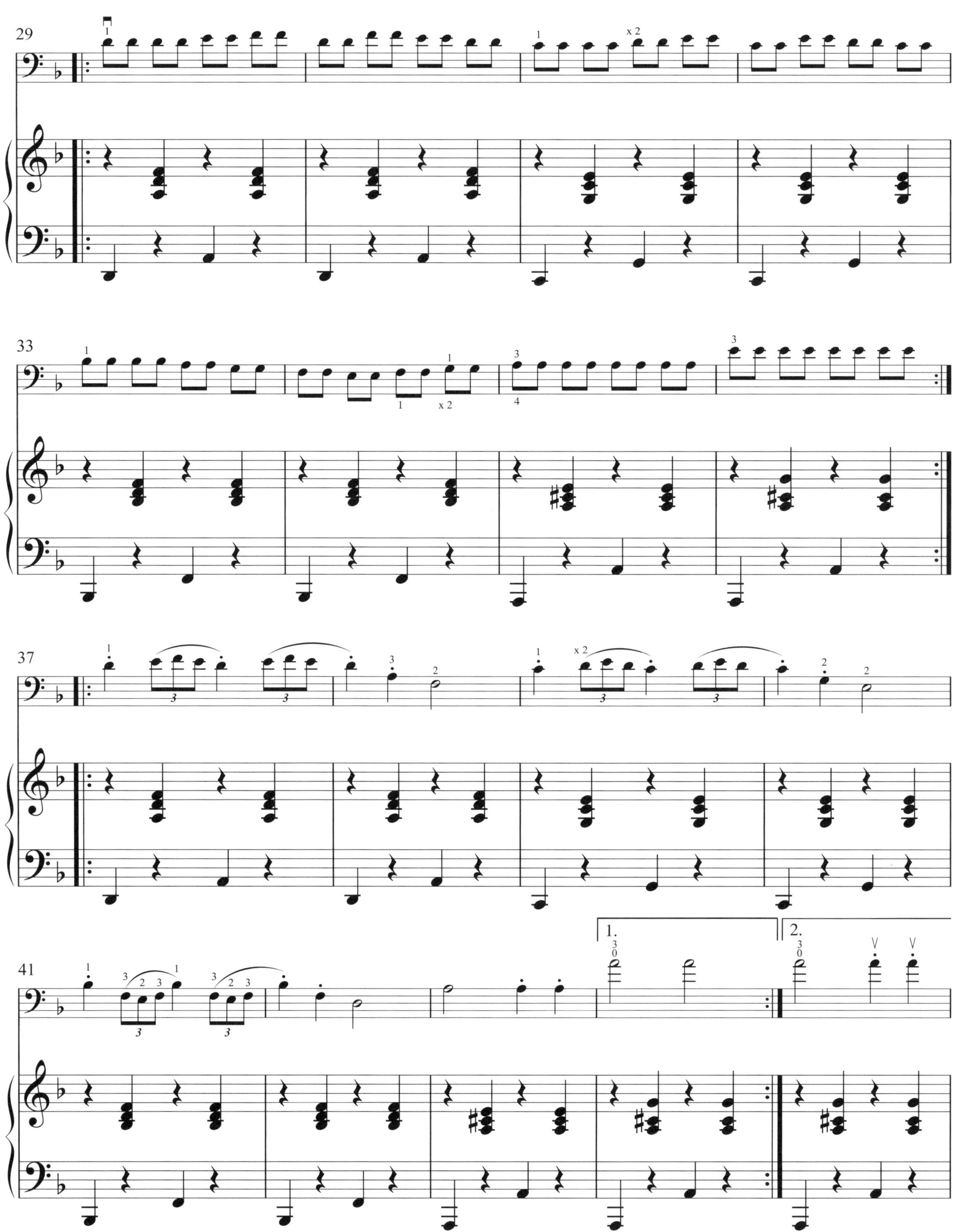
29
33
37
41
1.
2.

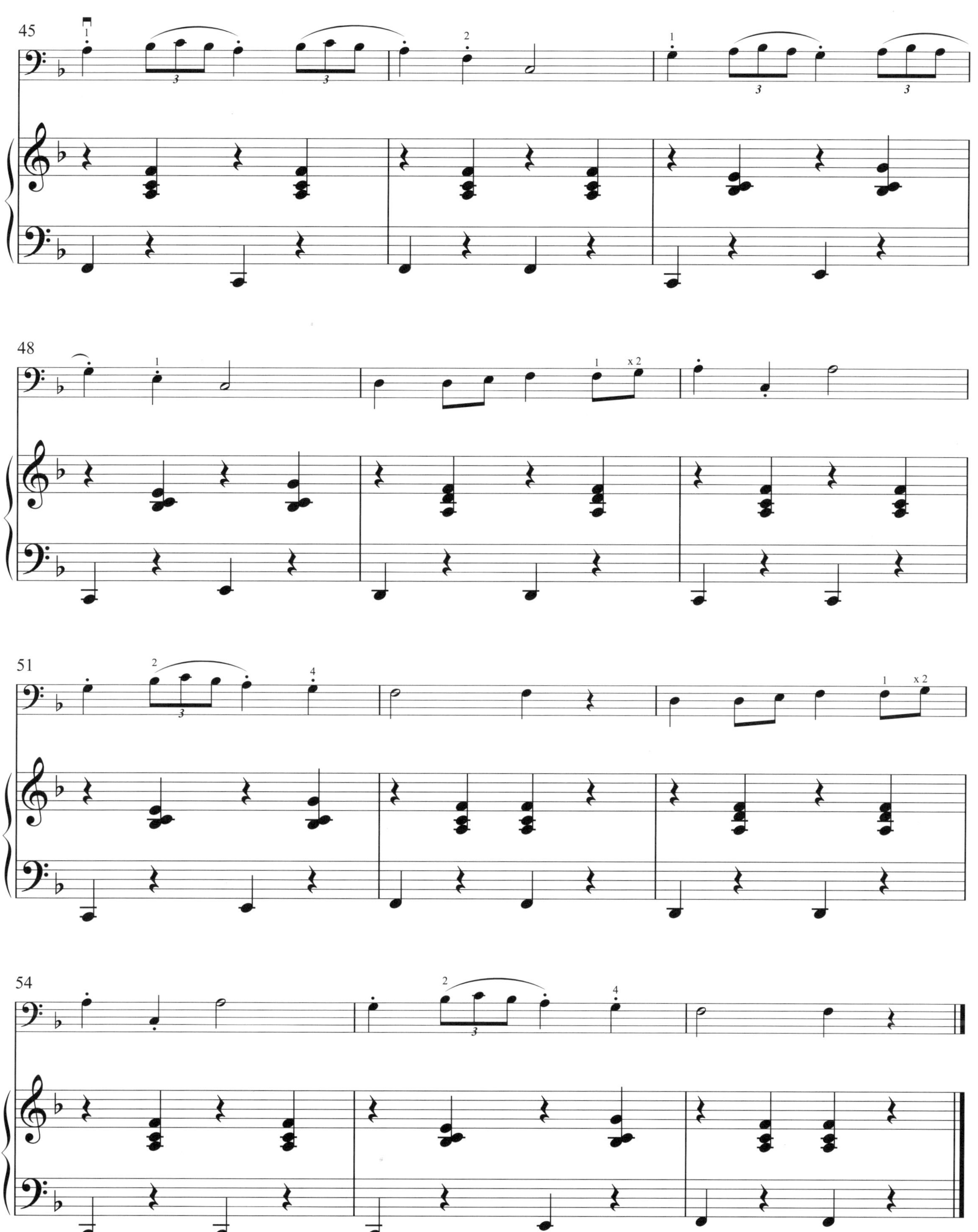
45
48
51
54

18. Toccatina

A. Holzer-Rhomberg

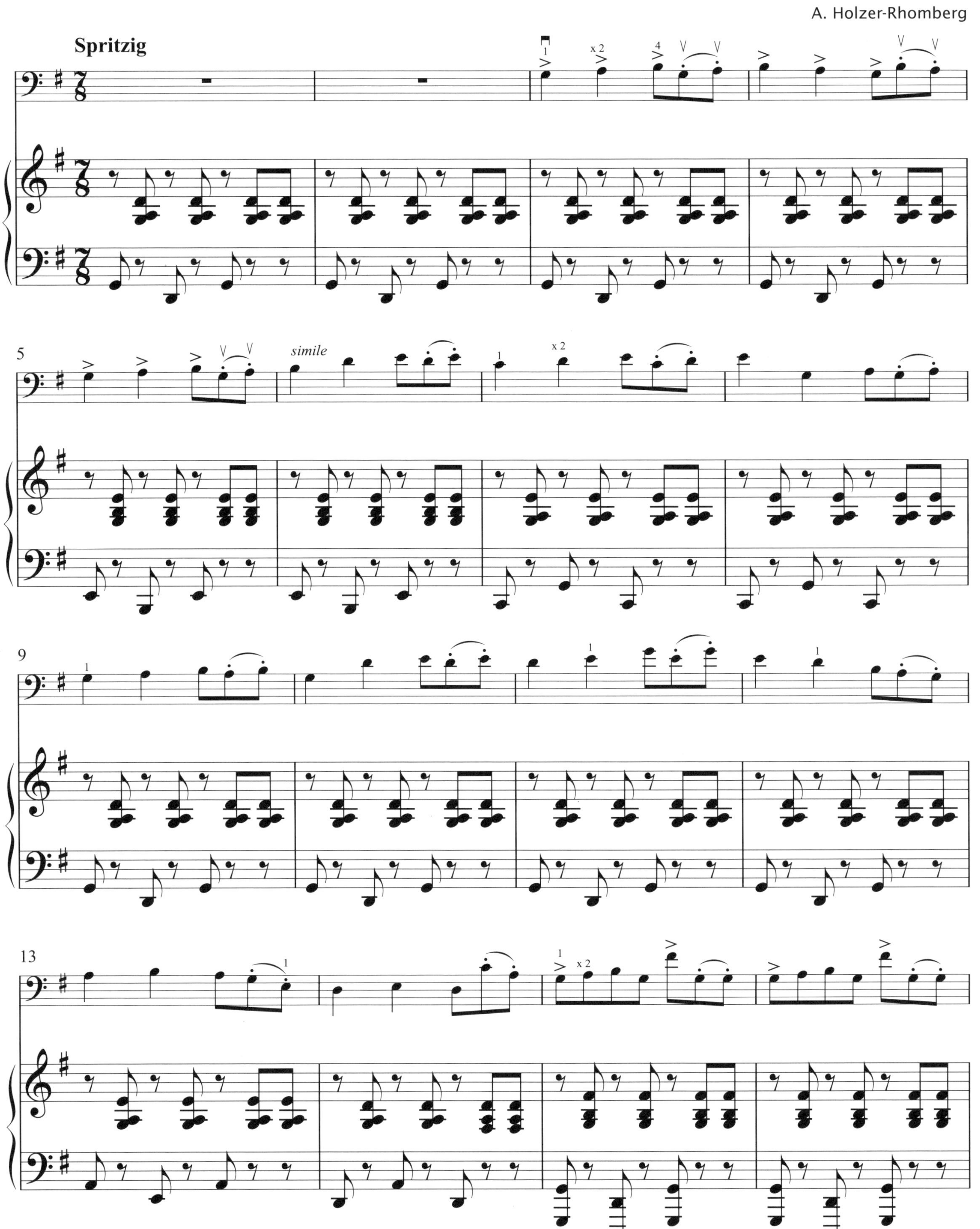

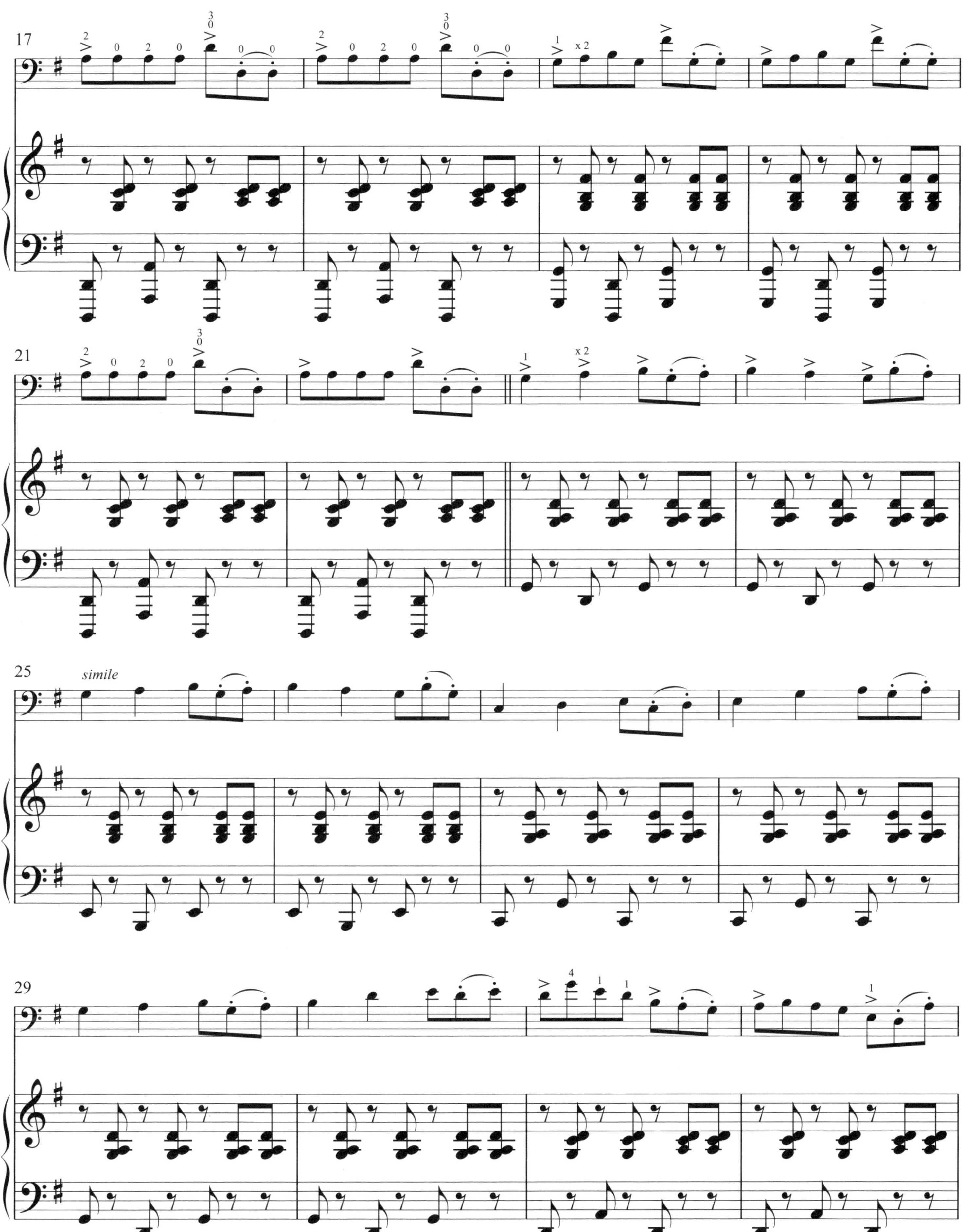

17
21
25
simile
29

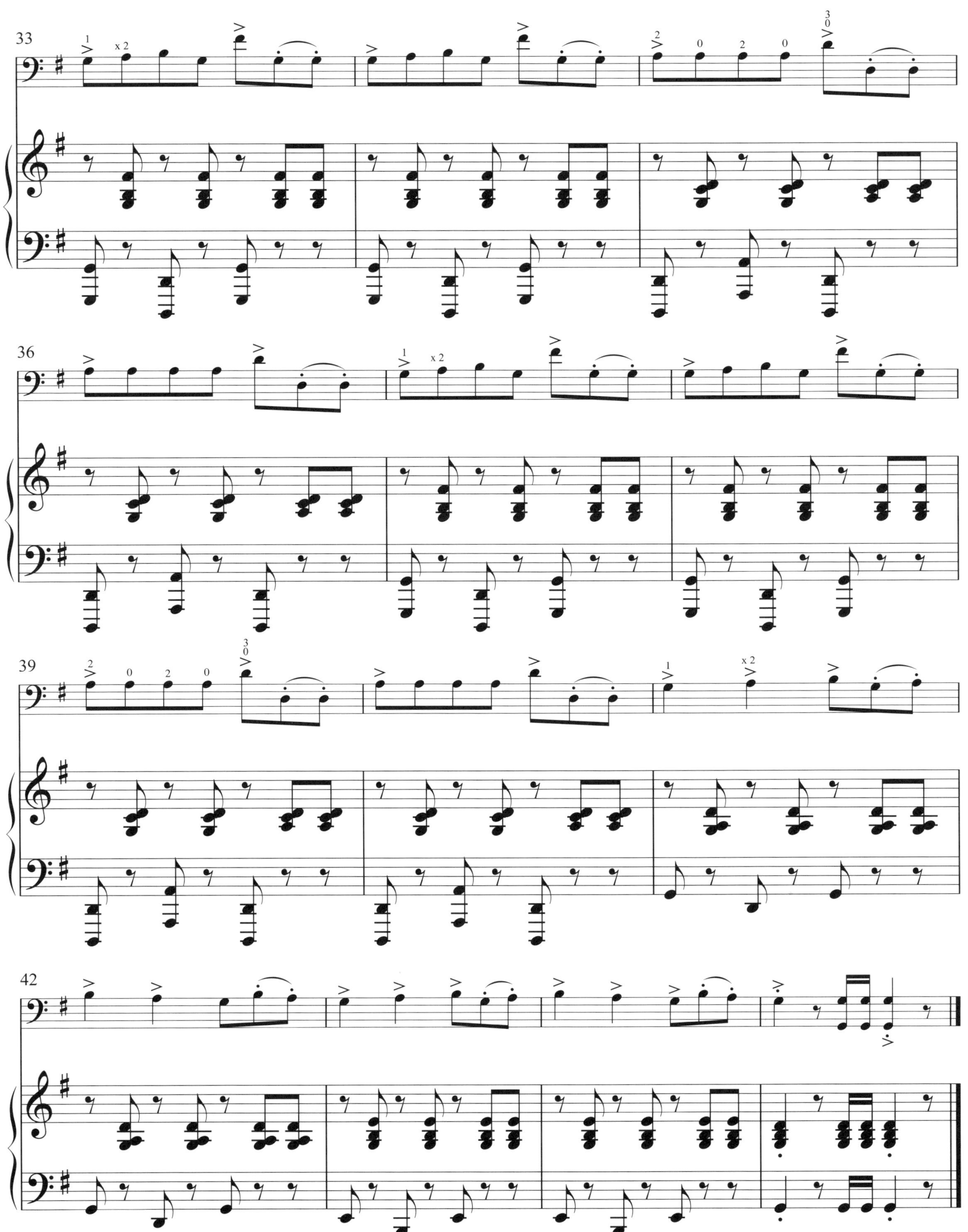

19. Tango

A. Holzer-Rhomberg

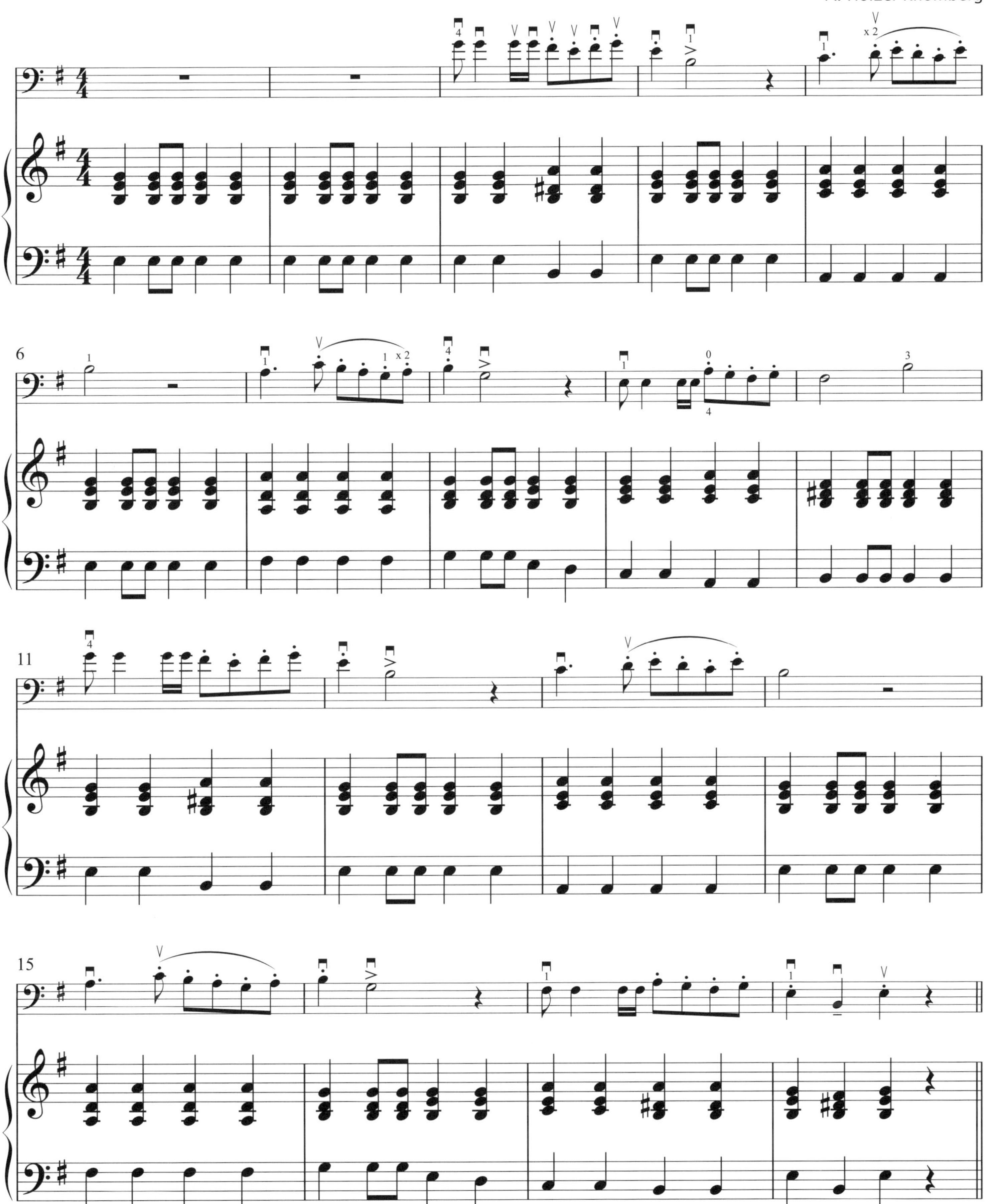

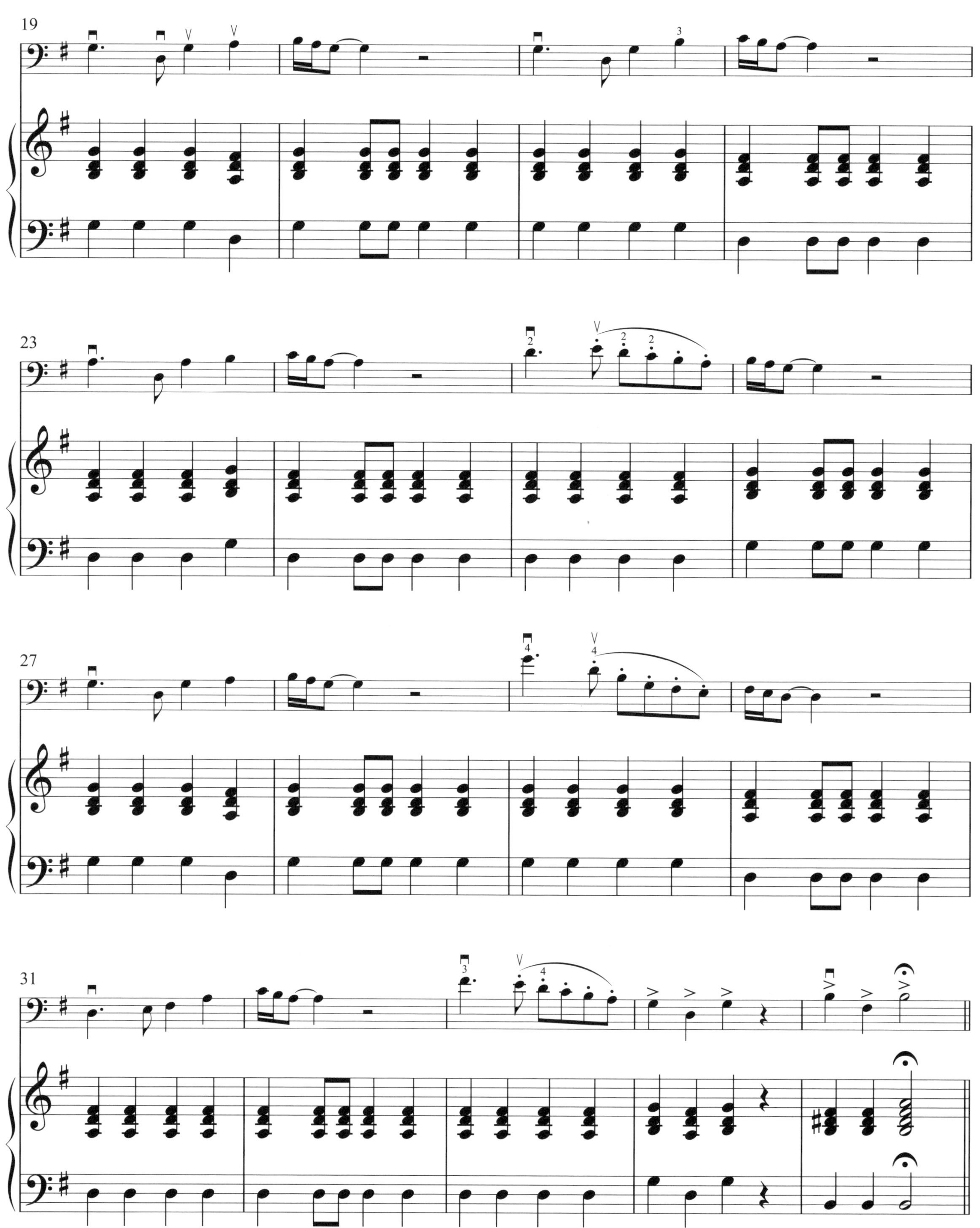

19
23
27
31

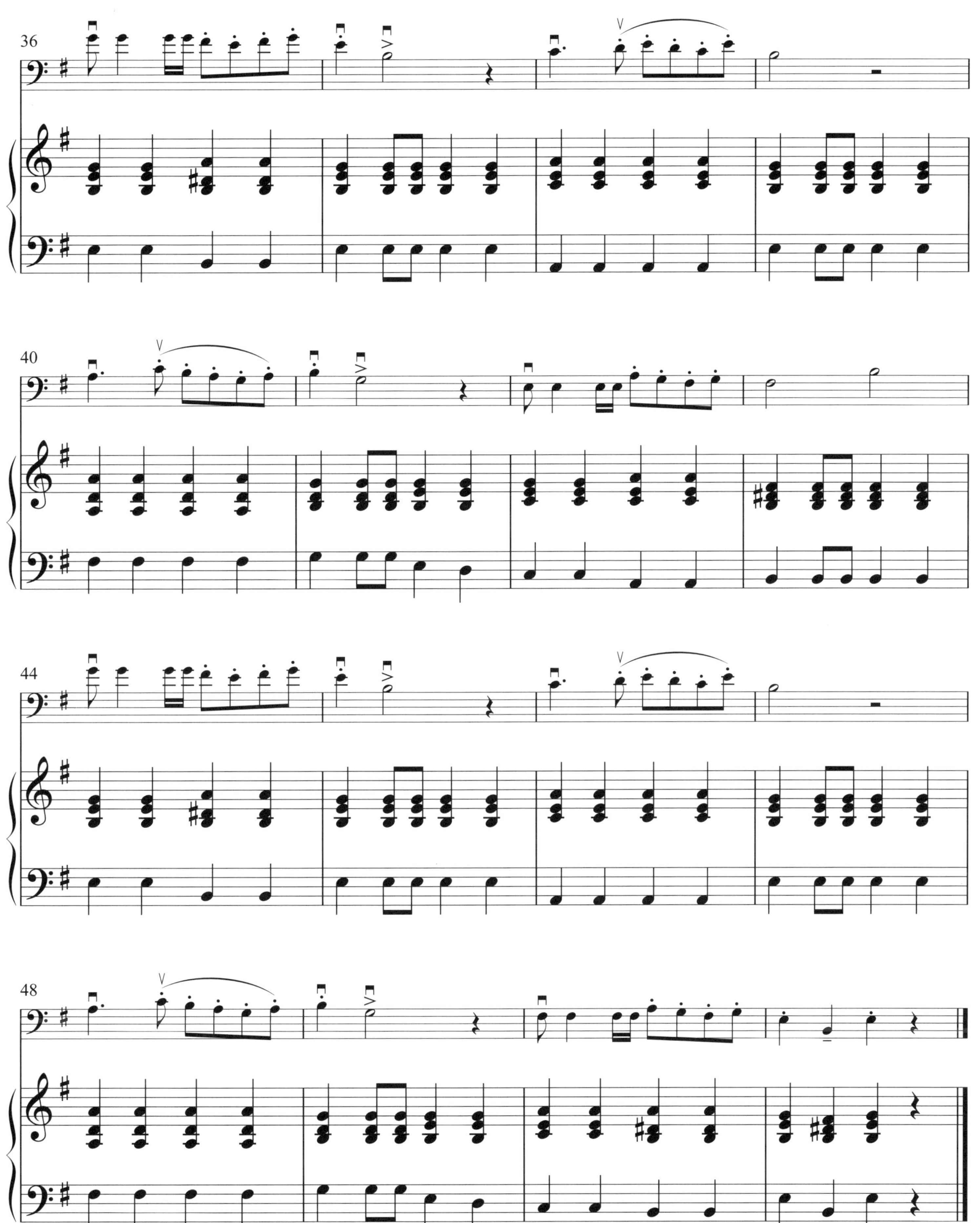
36
40
44
48

20. Polonaise

A. Holzer-Rhomberg

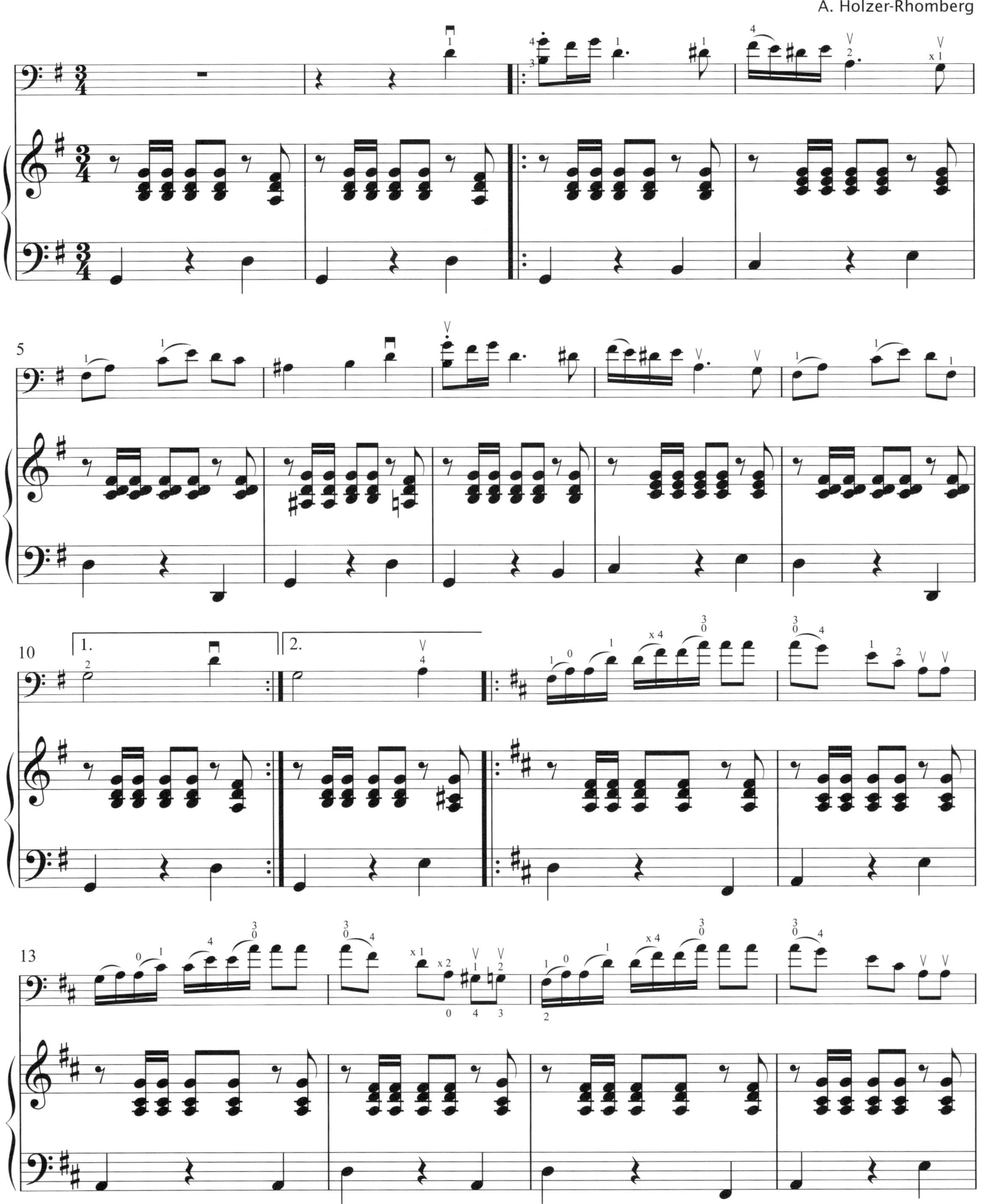

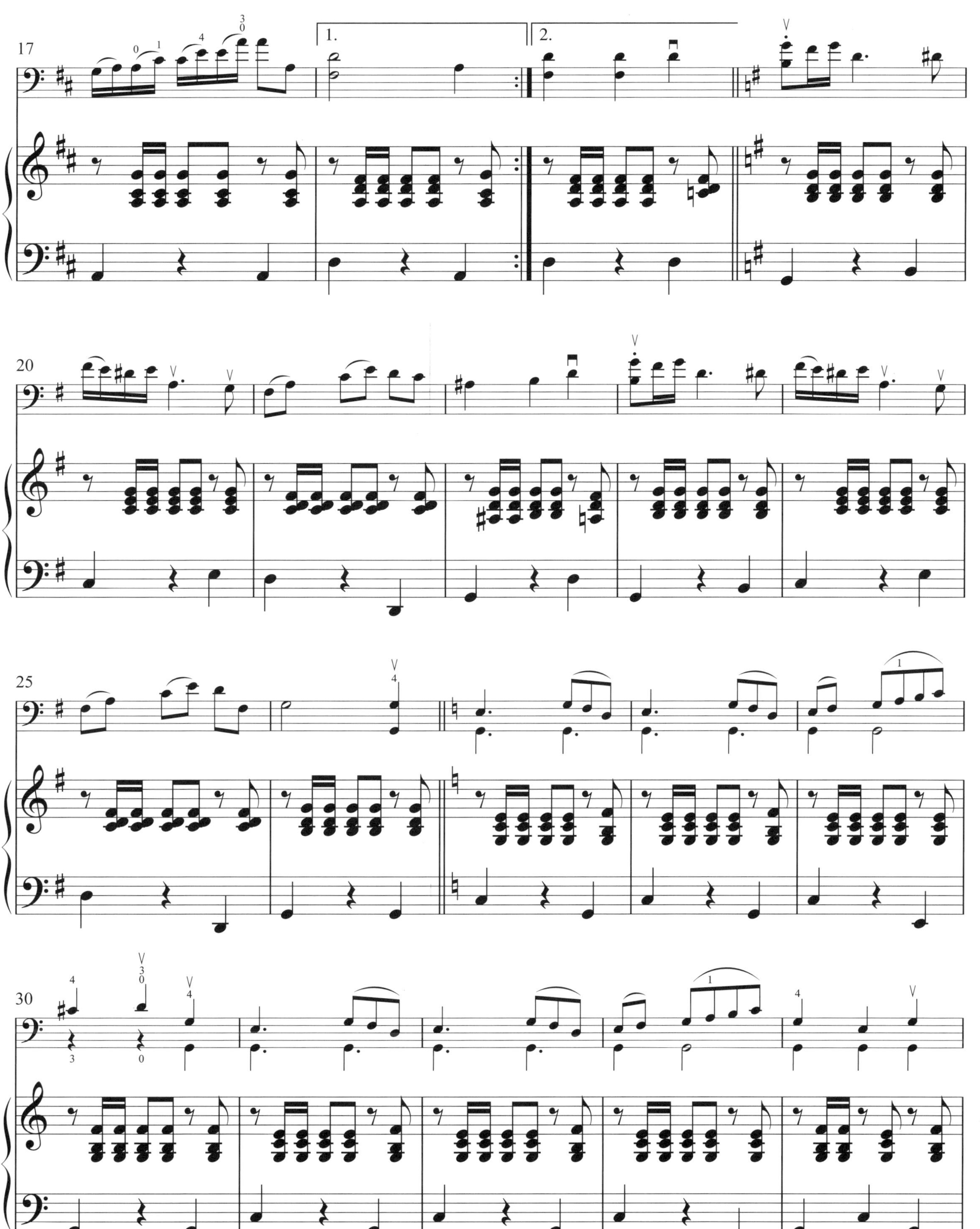
17
1.
2.
20
25
30

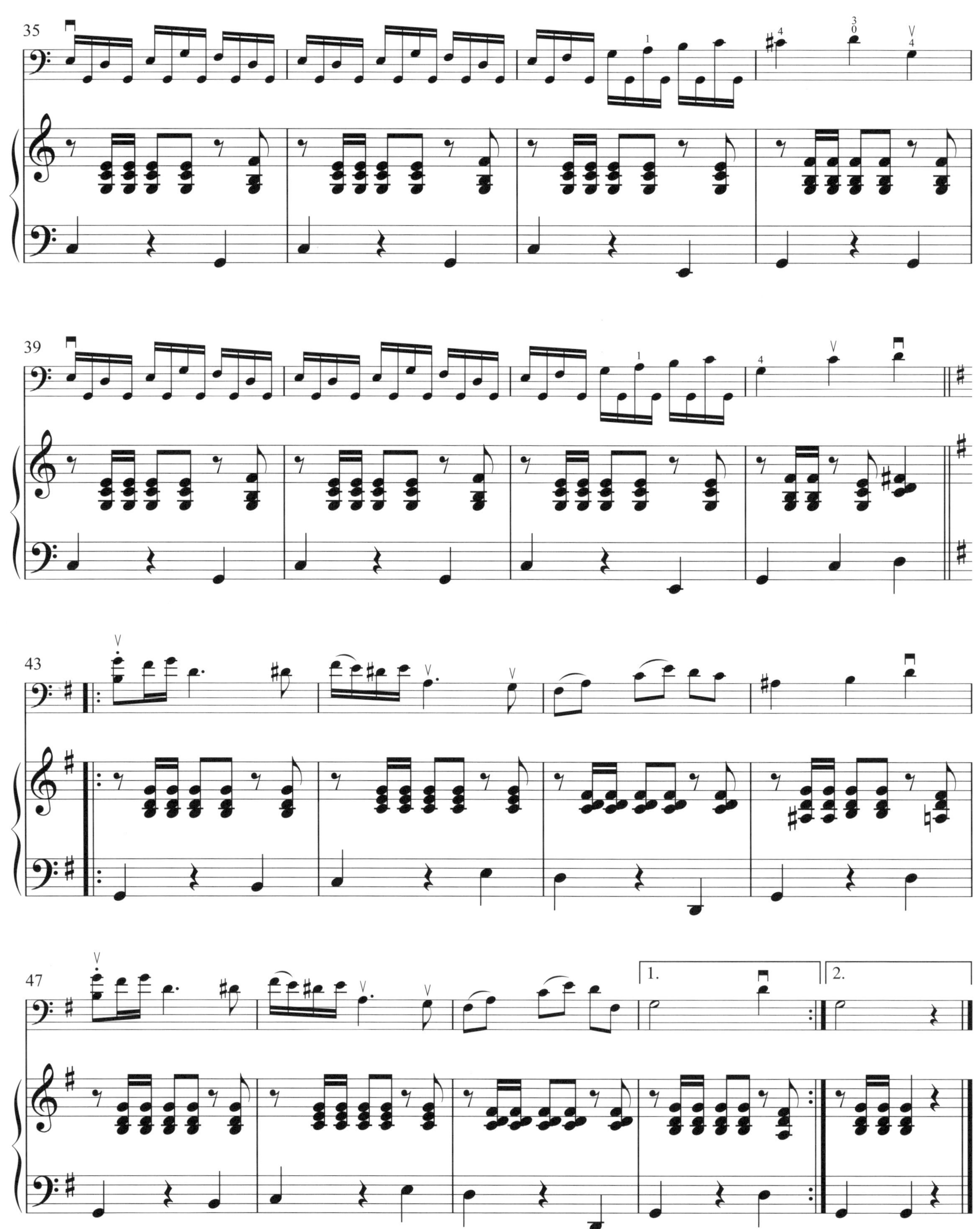
35
39
43
47
1.
2.